WANDERFÜHRER

Visp–Zermatt Saas Fee–Grächen

Wanderwege

W0305450

Inhalt

Bearbeitung: **Christian Fux.** Herstellung: Kümmerly+Frey AG
Fotos: Thomas Andenmatten, S. 3, 10, 14, 23, 36, 39, 43. Ferienregion Saas, Saas Grund, S. 88, 91, 96, 99. Kur- und Verkehrsverein Brig, S. 46. Kurverein Zermatt, S. 64, 67, 68, 71, 75, 78, 80, 83. Peter Salzmann, S. 8, 13, 17, 20, 26, 29, 32, 35, 40, 49, 54. Tourist Office Saas Fee, S. 9, 84, 102, 104. Tourismusverein Grächen, S. 50, 57, 59, 60, 63.

Autor und Verlag sind für ergänzende Anregungen dankbar.

Kümmerly+Frey

Vorwort

1953 erschien das erste Wanderbuch Vispertäler in der Reihe der grünen Schweizer Wanderbücher; als Autor zeichnete der Walliser Schriftsteller Adolf Fux. Zu seinem Gedenken ist die spannende Schilderung des Feegletschers mit seinen Bewegungen in der Route 30 festgehalten. Seither hat sich im Wallis und in den Vispertälern manches geändert, aber die Aussage von Adolf Fux im ersten Wanderbuch Vispertäler bleibt noch auf lange Zeit gültig: «Es war ein herrliches Wandern durch den vertrauten Heimatbezirk. Überall trafen wir freundliche Leute und fanden treffliche Unterkunft. Unausdeutbare Schönheiten haben wir entdeckt, bei Sonnenschein und sternenklaren Nächten viel Freude erlebt.»
Seit der ersten Ausgabe des Wanderbuches ist fast ein halbes Jahrhundert vergangen, in dem sich viel verändert hat. Dörfer und Städte wachsen, dazwischen entstehen neue Verkehrsverbindungen. Aber das betrifft nicht nur Strassen und Bahnen für die Eiligen, es gibt auch neue Wanderwege für die ruhigen Geniesser der Landschaft, während alte Pfade überwachsen und verschwinden. Der vorliegende Wanderführer versucht einerseits, diesen Veränderungen gerecht zu werden, andererseits ist auch sein eigenes Erscheinungsbild anders geworden und dank der farbigen Gestaltung der Profile und Routenkärtchen leserfreundlicher.
Gleichgeblieben sind die markanten Formen der Vispertäler, welche zwischen den Tiefen des Rottens und den kaum ermesslichen Höhen der Monte-Rosa-Gruppe, zwischen den Bergen des Simplons und den Weiden des Turtmanntals eine ausserordentliche Vielfalt landschaftlicher Eindrücke umfassen. Diese Vielfalt in Wort und Bild erschöpfend darstellen zu wollen wäre vermessen. Immerhin wagt der vorliegende Wanderführer den Versuch, wanderfreudigen Lesern einen Einstieg in diese Welt zu bieten. Zum Auffinden der unzähligen entdeckungswürdigen Schönheiten wünsche ich neben dem idealen Wanderwetter einen frohen Mut. Diesen Wunsch verbinde ich mit einem herzlichen Dank an alle, die zum Gelingen dieses Wanderführers beigetragen haben.

Christian Fux

Der alte Weg von Zeneggen nach Törbel (Route 5) führt uns am malerischen Weiler Burge vorbei. Im Hintergrund trennen sich die beiden Vispertäler in Richtung Saas (links) und Zermatt. Dazwischen streben die Gipfel der Mischabelgruppe über die Viertausendergrenze hinaus.

Übersichtskarte 1:301 000

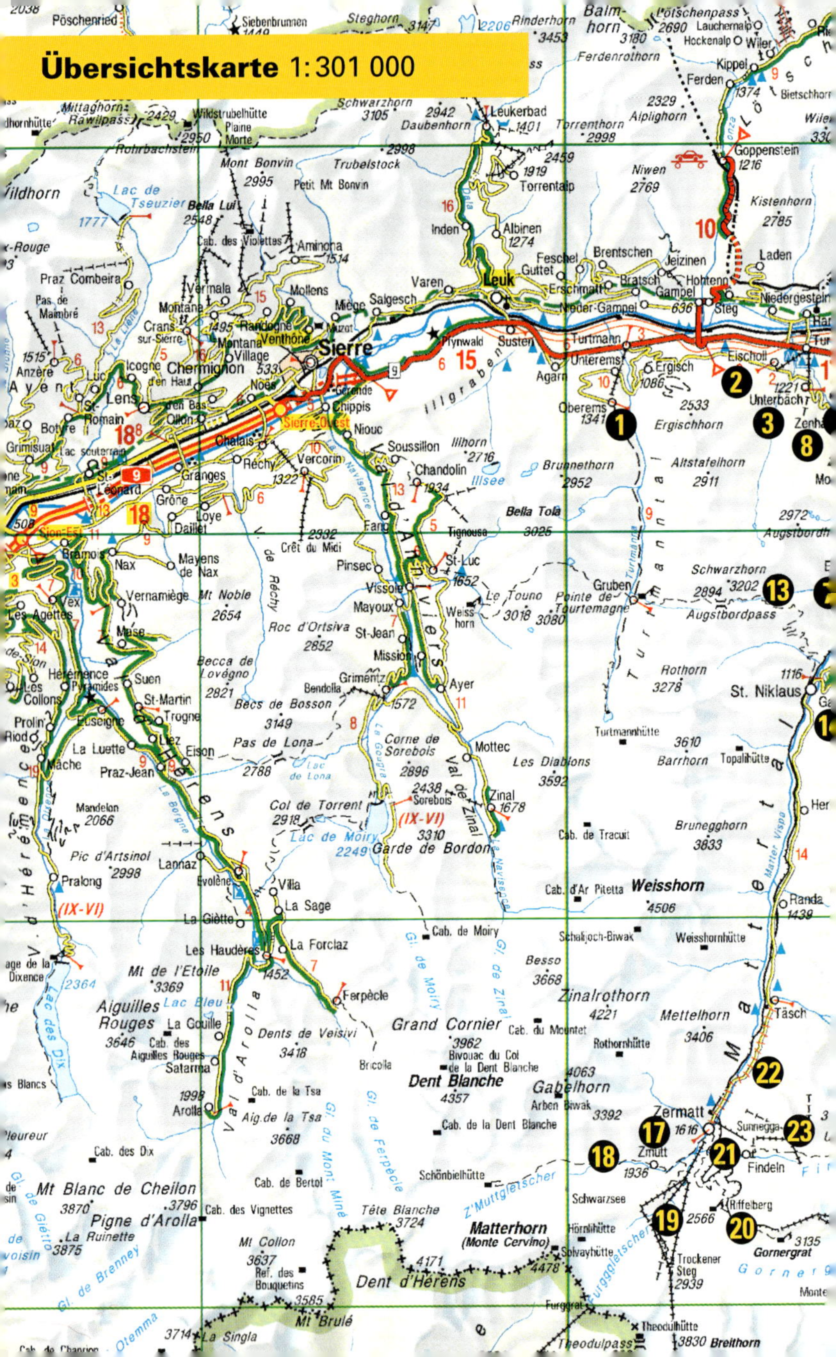

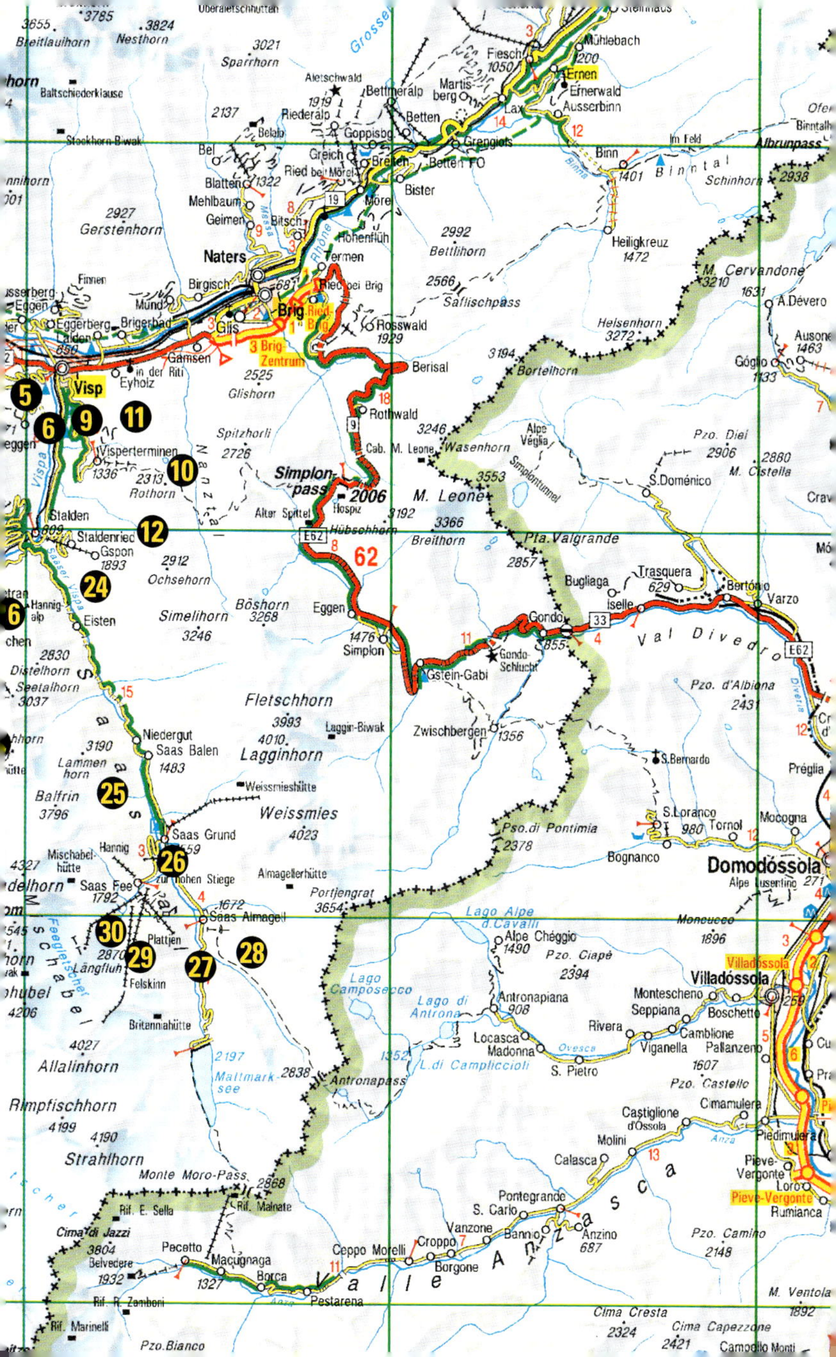

3655
3785
3824
Breitlauihorn
Nesthorn
Überaletschhütten
3021
Sparrhorn
Grosser
Aletschwald
Baltschiederklause
2137
Belalp
1919
Riederalp
Bettmeralp
Betten
Goppisberg
Greich
Breiten
Ried bei Mörel
Bel
Blatten
1322
Mehlbaum
Geimen
Massa
Bitsch
Mörel
Bister
Stockhorn-Biwak
2927
Gerstenhorn
Naters
Rhone
Hohenflüh
Termen
Ried bei Brig
Birgisch
Mund
Brig
Ried-Brig
Finnen
Eggen
Eggerberg
Brigerbad
Lalden
Glis
Gamsen
3 Brig-Zentrum
Rosswald
1929
Visp
in der Riti
Eyholz
2525
Glishorn
Berisal
Rothwald
Spitzhorli
2726
Visperterminen
1336
2313
Rothorn
Nanztal
Vispa
Stalden
809
Staldenried
Gspon
1893
2912
Ochsehorn
Simplonpass
2006
Hospiz
Alter Spittel
Cab. M. Leone
Simplon
1476
Eggen
Böshorn
3268
Simelihorn
3246
Hannig-alp
Eisten
2830
Distelhorn
Seetalhorn
3037
Saaser Vispa
Niedergut
Saas Balen
1483
3190
Lammenhorn
Balfrin
3796
Fletschhorn
3993
4010
Lagginhorn
Laggin-Biwak
Weissmieshütte
Weissmies
4023
Saas Grund
1559
Hannig
Mischabelhütte
4327
Saas Fee
1792
zur hohen Stiege
Almagellerhütte
Portjengrat
3654
1672
Saas Almagell
Plattjen
2870
Längfluh
Felskinn
Feegletscher
Mischabel
4206
Britanniahütte
4027
Allalinhorn
2197
Mattmarksee
2838
Antronapass
Rimpfischhorn
4199
4190
Strahlhorn
Monte Moro-Pass
2868
Rif. E. Sella
Rif. Malnate
Cima di Jazzi
3804
Belvedere
1932
Pecetto
Macugnaga
1327
Borca
Pestarena
Anza
Rif. R. Zamboni
Rif. Marinelli
Pzo. Bianco
Steinhaus
Mühlebach
Fiesch
1050
1200
Ernen
Martisberg
Lax
Ernerwald
Ausserbinn
Grengiols
Betten FO
Binn
1401
Binntal
Im Feld
Binna
Albrunpass
Schinhorn
2938
2992
Bettlihorn
Heiligkreuz
1472
2566
Saflischpass
M. Cervandone
3210
Helsenhorn
3272
1631
A. Dévero
Ausone
1463
Góglio
1133
3194
Bortelhorn
3246
Wasenhorn
Alpe Véglia
Simplontunnel
Pzo. Diei
2906
2880
M. Cistella
3553
M. Leone
S. Doménico
3192
Hübschhorn
3366
Breithorn
Pta. Valgrande
2857
Bugliaga
Trasquera
629
Iselle
Bertónio
Varzo
Gondo
855
Gondo-Schlucht
Gstein-Gabi
Val Divedro
Diveria
Pzo. d'Albiona
2431
Zwischbergen
1356
S. Bernardo
Préglia
S. Lorenzo
980
Tornol
Mocogna
Pso. di Pontimia
2378
Bognanco
Domodóssola
271
Alpe Lusentino
Lago Alpe d. Cavalli
Alpe Chéggio
1490
Pzo. Ciapè
2394
Moncucco
1896
Lago Camposecco
Lago di Antrona
Antronapiana
908
Villadóssola
Montescheno
Seppiana
Boschetto
259
Rivera
Camblione
Viganella
Pallanzeno
Locasca
Madonna
Ovesca
S. Pietro
1352
L. di Campliccioli
1607
Pzo. Castello
Cimamulera
Castiglione d'Ossola
Molini
Anza
Piedimulera
Calasca
Pieve-Vergonte
Loro
Rumianca
Valle Anzasca
Pontegrande
S. Carlo
Vanzone
Bannio
Anzino
687
Ceppo Morelli
Croppo
Borgone
Pzo. Camino
2148
M. Ventola
1892
Cima Cresta
2324
Cima Capezzone
2421
Campello Monti
E62
62
9
19
33
5
6
9
11
10
12
24
25
26
27
28
29
30

Routen- und Kartenverzeichnis

Die angegebenen Zeiten sind reine Marschzeiten. Rastzeiten sind nicht eingerechnet. Die Routenkärtchen sowie die Wanderkarte **Visp–Zermatt–Saas Fee–Grächen** 1:60 000 (Kümmerly+Frey) erlauben die Kombination verschiedener Routen.

Zermatt

Saastal

Die Walliser Wanderkarten 1:60 000 Kümmerly+Frey/AVRP
00821 Aletsch–Goms–Brig–Simplon
00822 Visp–Zermatt–Saas Fee–Grächen
00823 Val d'Anniviers–Val d'Hérens–Montana
00824 Grand-St-Bernard–Dents du Midi–Les Diablerets

Landeskarten der Schweiz 1:25 000

	Routen
1288 Raron	1–11
1289 Brig	10–12
1308 St. Niklaus	1, 3– 9, 12–16, 24, 25
1309 Simplon	10, 12, 24
1328 Randa	14, 15, 22, 23, 25, 29, 30
1329 Saas	24–30
1347 Matterhorn	17, 18
1348 Zermatt	14, 17– 23
1349 Monte Moro	27, 28

Markierung der Routen

Die angegebenen Wanderzeiten basieren auf einer Streckenlänge von 4,2 km in der Stunde. Besondere Wegverhältnisse, schwieriges Gelände, Steigungen und Gefälle sind mitberücksichtigt. Rastzeiten sind nicht eingerechnet.

Damit bei der Planung einer Wanderung der Schwierigkeitsgrad bereits mitberücksichtigt werden kann, sind die beschriebenen Wanderrouten mit denselben Symbolen gekennzeichnet.

Wanderweg

Wege für jedermann.

Ausrüstung: Festes Schuhwerk und der Witterung angepasste Kleidung empfohlen.
Gefahren: Wanderwege können in der Regel gefahrlos begangen werden. Bei Nässe, Schnee und Eis ist die Rutschgefahr zu beachten.

Bergwanderweg

Die Begehung von Bergwanderwegen stellt höhere Anforderungen bezüglich Ausdauer, Bergtüchtigkeit, Trittsicherheit, zuweilen auch bezüglich Schwindelfreiheit.

Ausrüstung: Feste Bergschuhe mit griffiger Sohle, Kälte-, Sonnen-, Wind- und Regenschutz gehören zur Grundausrüstung. Taschenapotheke, topographische Karte, Kompass und Höhenmesser leisten gute Dienste.
Gefahren: Witterungseinbrüche (Kälte, Wind, Regen, Schnee, Eis und Nebel) können unvermittelt auftreten. Vorsicht auf steilen und nassen Grashängen und beim Queren von Schneefeldern!

Alpine Route

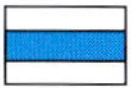

Nicht zur Kategorie der Wanderwege gehören die alpinen Routen. Sie führen im Gebirge teilweise durch wegloses Gelände, über Schneefelder und Gletscher sowie durch Fels mit kurzen Kletterstellen. Die Begehung alpiner Routen setzt gründliche Bergerfahrung oder den Beizug eines Bergführers voraus.

Ausrüstung: Zusätzlich zur Bergwander-Ausrüstung gehören grundsätzlich Taschenapotheke, topographische Karte, Kompass, Höhenmesser, Seil und Pickel.

Gefahren: Die Begehung von Geröllhalden, Steinschlagrunsen, Schneefeldern und Gletschern ist mit erhöhtem Risiko verbunden. Der erhöhten Lawinengefahr im Frühsommer und den plötzlich auftretenden Wetterumstürzen ist besondere Beachtung zu schenken.

Zeichenerklärung. Legende zu den Routenkärtchen und zu den Profilen:

 Bahn

 Bus

 Standseilbahn

 Luftseil-, Gondelbahn

 Sesselbahn

 Stadt oder Dorf

 Weiler

 Einzelgebäude

 Gasthaus

 Schloss

 Kapelle

 Ruine

 Wald

 Aussichtspunkt

 Denkmal

Zeitangaben

Die in den Profilen vermerkten Wanderzeiten beziehen sich immer auf den Ausgangspunkt der Route.

Visp–Augstbordregion: Routen 1–8

Abgegrenzt vom Vispertal und vom Turtmanntal, von der Einkerbung des Augstbordpasses und dem langgezogenen Rhonetal, erhebt sich die Augstbordregion über weitläufige Wälder und Weiden zu aussichtsreichen Bergketten, die sich im Dreizehntenhorn auf Höhen über 3000 m vereinen. Nordwärts zieht sich ein Bergkranz über das Signalhorn zum Ergischhorn, nordostwärts bildet der Augstbordgrat mit dem Augstbordhorn eine markante Diagonale, welche über die Moosalp und Zeneggen nach Visp abfällt. So ist es nicht verwunderlich, dass die Vielfalt einer derart plastisch geformten Landschaft zum Wandern einlädt. Dabei hat man die Wahl zwischen geruhsamen Spaziergängen, anspruchsvollen Tagestouren oder mehrtägigen Wanderungen, welche die ganze Region umrunden.

Auf grosse Strecken ist die Augstbordregion von weitläufigen Wäldern eingefasst. Über diesem Grundsaum breiten sich im Norden und Osten – auf Höhen zwischen 1000 und 1500 m – Wiesenterrassen aus, welche die Dörfer Ergisch, Eischoll, Unterbäch, Bürchen, Zeneggen, Törbel und Embd umschliessen. Hier haben sich die im 8./9. Jh. von Norden her eingewanderten Alemannen niedergelassen und sich einen bescheidenen bäuerlichen Lebensunterhalt geschaffen. Alle konnte das karge Land nicht ernähren. So sind viele von ihnen Jahrhunderte später wieder weitergezogen, um als Walser zunächst in den benachbarten italienischen Alpen, aber auch im abgelegensten Tessin, im Bündnerland und in Vorarlberg die Hochtäler zu besiedeln. Später, noch bis ins letzte Jahrhundert, zogen viele nach Nord- oder Südamerika, um dem drohenden Hunger in der Heimat auszuweichen.

Über den Dörfern beginnen bald die weitläufigen Weiden und Alpen, in denen sich im Sommer zahlreiches Vieh tummelt. Allein im Turtmanntal gab es früher 17 Alpgeteilschaften, die heute zu einer einzigen Alp mit 792 Alprechten zusammengeschlossen sind. Dieses Gebiet wird von drei Herden mit 250 Kühen, 150 Rindern und über 1000 Schafen aus 20 Gemeinden des Oberwallis bestossen. Statt in lokalen Käsereien wird die Milch in der 1996 eröffneten Augstbordkäserei in Turtmann verwertet. Die nach modernsten hygienischen Grundsätzen ausgebaute Schaukäserei

ist einen Besuch wert. Wie andernorts im Wallis sind die Niederschläge in der Augstbordregion äusserst knapp, fallen doch in der RegionTörbel–Grächen–Staldenried im Jahresmittel nur etwa 600 mm.
So ist die Bewässerung auch in der Augstbordregion unentbehrlich. Ein eindrückliches Beispiel bietet die Augstbord-Wasserleitung (Augstborteri) für die Fluren von Törbel und Zeneggen. Auf der Route 7 können wir dieser Suon oder Bisse, wie eine solche Wasserfuhre im französischsprachigen Wallis genannt wird, etwa 3 km weit folgen. Bereits im Jahr 1040 entstand ein Vertrag über die Verteilung des Augstbordwassers. Verschiedene Schriften aus den Jahren 1150, 1400, 1530 und 1539 befassen sich mit dieser Suon. 1768 kam es zu einem Prozess um das Augstbordwasser zwischen Törbel und Zeneggen einerseits, Stalden und Embd anderseits.
In den fünfziger Jahren gelang es, die etwa 20 km lange Suon durch das Aussprengen von Stollen und die Verlegung von Betonrohren um nahezu die Hälfte zu kürzen und zu sichern.
Im Talgrund bilden die Dörfer und Siedlungen von Visp, Turtmann, Gruben/Meiden und St. Niklaus die Eckpfeiler der Augstbordregion.
Ein gutausgebautes Netz von Strassen, Seilbahnen und Skiliften erschliesst ganzjährig die grosse Region mit den zahlreichen Dörfern. Die Moosalp, der grossartige Eckpfeiler über dem Rhone- und dem Vispertal, ist von Bürchen, von Zeneggen und von Törbel her mit dem Postauto oder mit dem eigenen Wagen erreichbar. In den Dörfern stehen den Gästen gutgeführte Gasthäuser und Ferienwohnungen zur Verfügung. Damit kommen nicht nur die zahlreichen Gäste auf ihre Rechnung, sondern auch die Einheimischen, die sich damit in den Bergen ein besseres Einkommen sichern können. Zusätzlich pendeln sie in grosser Zahl täglich in den Talgrund, um dort ihrer Arbeit oder Ausbildung nachzugehen.

Bild: Zwischen dem Baltschiedertal und dem Bietschtal bietet der Gipfel des Wiwannihorns einen einzgartigen Ausblick zu den höchsten Spitzen der Walliser Alpen mit der Mischabelgruppe (Dom, 4545 m) und dem Weisshorn (4505 m). Davor erstrecken sich die Berge, Weiden und Wälder der Augstbordregion.

1 Einstieg ins grüne Turtmanntal

5h Gampel/Steg–Ergisch–Ergisch-Suon–Gruben/Meiden

Ein geruhsamer Aufstieg über der breiten Talsohle bringt uns auf die Aussichtsterrasse von Ergisch. Über dem Dorf führt uns die Ergisch-Suon auf den alten Talweg. Dieser leitet uns über der Turtmänna, an der Follutschugge-Kapelle vorbei, zu den Sommerdörfern Gruben/Meiden im Herzen des Turtmanntals.

Bei der Station ***Gampel/Steg*** unterschreiten wir die stark befahrene Kantonsstrasse. Am Schattenhang, auf der ins Lötschental führenden Strassenschlaufe, finden wir den Einstieg zu unserem Wanderweg. Er wendet sich nach einer Kehre rasch nach Westen. Ein gemächlicher Aufstieg durch Buschwald und Lichtungen bringt uns nach der Kreuzung einer Forststrasse geradeaus zum Weiler Lunggi. Oberhalb desselben verlässt uns links der Wanderweg nach Eischoll (Route 2); wir wandern am Waldsaum westwärts. Kurz danach stossen wir im Wald auf eine Suon – eine Wasserfuhr –, bis unser Weg unter dem Spitze Biel links abzweigt. Er führt uns durch den schluchtartigen Einschnitt des Tännbachs hinauf zu den Häusern im Bränner. Westwärts schlagen wir auf einem brei-

DAS TURTMANNTAL, das vom Rotten bei Turtmann über 10 km zur riesigen Bergwelt des Turtmann- und Brunegg-Gletschers aufsteigt, findet im 4134 m hohen Bishorn seinen Abschluss. Weiter südwärts lässt sich das Weisshorn (4505 m) über den Grossen Gendarm erklimmen. So ist das zwischen Mattertal und Val d'Anniviers eingekeilte Tal für viele Berggänger ein verlockendes Ziel. Die Turtmann- und die Tracuithütte bieten einen geeigneten Unterschlupf. Beim Wasserfall über Turtmann fand Pfarrer Emil Schmid Steinwerkzeuge, welche auf Bewohner der Jungsteinzeit (4500–1800 v.Chr.) schliessen lassen. Seine Blütezeit erlebte das Tal im Mittelalter, als verschiedene Weiler des Mittelabschnittes ganzjährig bewohnt waren. Eine Verschlechterung des Klimas sowie die Pest vertrieben die Dauerbewohner Mitte des 16. Jh. Heute teilen sich die Gemeinden Turtmann, Ergisch, Unter- und Oberems in das wildromantische Tal, das nur noch im Sommer von Einheimischen und Gästen bewohnt ist. Zahlreiche Wege verlocken zu einfachen Spaziergängen wie zu grossen Tagestouren. Ein Strässchen erschliesst das Tal mit dem Hauptweiler Gruben/Meiden, in dem Gasthäuser Unterkunft und Verpflegung anbieten.

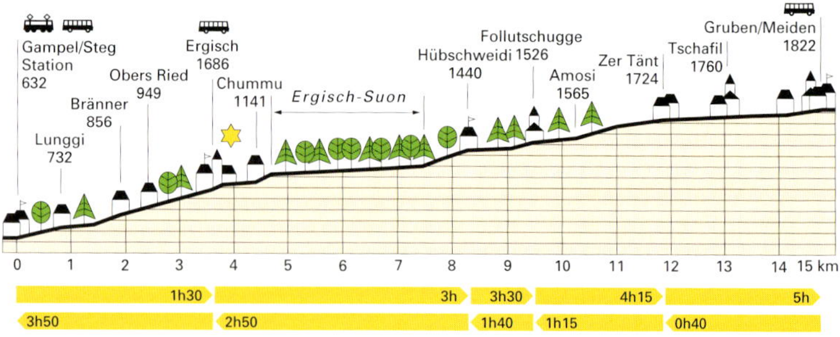

ten Flurweg den Bergpfad links ein. Über der Häusergruppe von Obers Ried schreiten wir, ohne sichtbaren Pfad, zum Waldrand hinauf. Hier führt uns ein breiter Weg nach einer Schlaufe südwestwärts durch den Scheichilwald. Unterwegs halten wir uns 100 m an die Strasse, die zwischen Turtmann und Visp die Dörfer der Schattenberge verbindet. Am Ausgang des Waldes sind wir fast auf der Höhe des Dorfes ***Ergisch.*** Durch Wiesen bummeln wir zum Dorfplatz vor der Kirche.
Zwischen alten Häusern steigen wir südwärts durch die Dorfgasse hinauf. Zuoberst im Dorf wechseln wir auf ein Flursträsschen; bis Chummu geniessen wir einen weiten Rundblick. Im nördlichen Einschnitt des Lötschentals leuchtet der eisbedeckte Petersgrat. Westwärts reihen sich die Gipfel der Berner Alpen. Auffallend sind dabei vor allem das Torrenthorn über Leukerbad, der Trubelstock und das Wildhorn. Im Westen öffnet sich das Rhonetal, rechts gesäumt von den

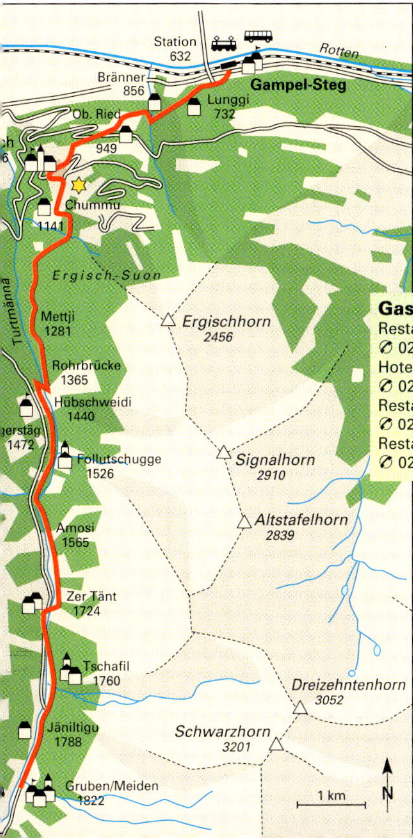

Am Weg ins Turtmanntal überrascht die Follutschugge-Kapelle auf einem steilen Felssporn.

sonnigen Hängen zwischen Siders und Montana. Näher liegt die trutzige Stadt Leuk am Berghang; über ihr glänzen die weissen Parabolantennen der Satellitenbodenstation beim Weiler Brentjong. Links des Rottens recken sich die rötlichgrauen Felswände des Illgrabens. Aus ihrem Erosionsmaterial wurde im Talgrund der deltaförmige Kegel des Pfynwaldes aufgeschüttet. Auf den Wiesen am Gegenhang des Turtmanntals breiten sich die Dörfer Ober- und Unterems aus. Im Einschnitt des Turtmanntals erkennen wir das Pletschuhorn, rechts gefolgt von der niedlichen Pyramide des Brunetthorns und vom Emshorn. Bei den Ställen in der Chummu erklimmen wir links auf der Krete knapp 100 Höhenme-

Gasthaus unterwegs
Restaurant Hübschweidli, 3948 Oberems
✆ 027 / 932 16 69
Hotel Schwarzhorn, 3946 Gruben
✆ 027 / 932 14 14
Restaurant Trächa, 3946 Gruben
✆ 027 / 932 28 96
Restaurant Waldesruh, 3946 Gruben
✆ 027 / 932 13 97

ter, bis wir am Rand der Ergisch-Suon stehen. Wir folgen ihr im schattigen Mischwald ins Tal hinein, während uns das plätschernde Wasser von den Sorgen der Bergbauern über die Jahrhunderte erzählt. Tatsächlich entstand die Wasserfuhr bereits im Mittelalter. Dabei mussten abschüssige Stellen mit Holzkänneln überbrückt werden. Um 1920 wurde die Suon vollständig erneuert und durch ein festes Trassee ersetzt. Der Weg längs der Suon ist an sich ungefährlich, erfordert aber einen trittsicheren Gang. An einigen Stellen ist für Kinder Vorsicht geboten. Auf halbem Weg, beim Frauenkännel, erwartet uns auf einem Felsbossen ein angenehmer Rastplatz. Während des Ersten Weltkrieges mussten die Frauen von Ergisch an seinem

Im hinteren Turtmanntal lockt der Brändjisee vor dem Turtmanngletscher zu einem Ausflug.

Fuss eingebrochene Holzkännel ersetzen, während ihre Männer Militärdienst leisteten. Über der Lichtung von Eggu blicken wir nochmals zurück nach Ergisch und hinunter nach Turtmann.
Kurz nach Mettji stossen wir auf einen Wasserschacht. Hier folgt ein kurzer Aufstieg längs dem Talbach, der Turtmänna, die wir auf einer Rohrbrücke des Kraftwerkes überschreiten. Danach halten wir uns für kurze Zeit rechts. Rasch stossen wir auf den alten Talweg, der von Turtmann heraufsteigt. Er führt uns wieder taleinwärts. Nach einem kurzen Aufstieg auf der Werkstrasse stehen wir vor dem Chalet Enzian im ***Hübschweidi.*** Durstige finden auf der höher gelegenen Strasse ein Gasthaus. Wir folgen ebenhin dem alten Saumweg und geniessen den Bummel über der Turtmänna. Am Gegenhang, beim Wängerstäg, springt der Blyschbach über einen hohen Felsen. Danach steigen wir zu einem eigenartigen runden Felsturm auf, dem ***Follutschugge,*** auf dem eine beliebte Hochzeitskapelle thront. Figuren der Heiligen Antonius, Joder und Moritz schmücken den kleinen Raum. Der Rastplatz vor der Kapelle ist in seiner Abgeschiedenheit einmalig.
Unter der steilen Wängerschflie folgen wir der Turtmänna durch eine bezaubernde Waldlandschaft. Das klare Wasser stürzt sich über Kaskaden von Becken zu Becken. Im Amosi überqueren wir den Talbach und gelangen in ein Wildbanngebiet. In neuerer Zeit dient die Brücke sogar dem Luchswechsel. Weit im Norden über dem Taleinschnitt grüsst das Hockenhorn. Kurz oberhalb der Amosibrücke, bei Pt. 1677, wird der Weg flacher. Wir erreichen die ersten Alpweiden des Turtmanntals.
Auf der Niggelinghöhe zweigen wir auf einen breiten Talweg ab. Im Hintergrund des Tales erkennen wir den Turtmanngletscher, der rechts von den Diablons überragt wird. Beim Alpweiler ***Zer Tänt*** wechseln wir auf die Strasse am Gegenufer der Turtmänna; kurz danach können wir wieder auf den Fussweg am Ostufer zurückkehren. Später sehen wir bei der Kapelle von Tschafil die Abzweigung des einsamen Höhenpfades, der hoch über dem Tal nach Ergisch zurückführt. Kurz nach Pletschu wechselt die Talstrasse zu uns herüber. Wir folgen ihr 500 m bis zum Weiler Jäniltigu, wo wir nochmals einen Fussweg zwischen der Strasse und der Turtmänna finden. Ein kurzer Schlussbummel bringt uns zu den Sommerdörfern ***Gruben/Meiden*** im Herzen des Turtmanntals.

2 Am Nordhang der Augstbordregion

6h15 Gampel/Steg–Eischoll–Unterbäch–Bürchen–Zeneggen–Stundhüs

Wie auf einer Perlenschnur reihen sich zwischen Gampel und Visp, hoch über dem Rhonetal, die schmucken Dörfer der «Schattenberge» auf breiten Wiesenterrassen. Die aussichtsreiche Wanderung leitet uns durch diese traditionsreichen, trotz der Nordlage in reichem Masse besonnten Siedlungen.

Bei der ***Station Gampel-Steg*** unterschreiten wir die stark befahrene Kantonsstrasse. Am Schattenhang, auf der Schlaufe der ins Lötschental führenden Strasse, finden wir den Einstieg zu unserem Wanderweg. Nach einer Kehre steigt er durch Laubwälder und Weiden nach Südwesten und quert ein Forststrässchen. Unterwegs streift unser Blick die Dörfer Gampel und Steg sowie den engen Einschnitt des Lötschentals. Im Westen erkennen wir den Rand des Pfynwaldes auf den Schuttmassen, die aus dem Illgraben erodiert wurden. Am Waldrand, über den Häusern des Weilers Lunggi, wendet sich der Weg nach Osten. Im moosreichen Mischwald treffen wir nochmals auf das Forststrässchen.
Nach einigen Kehren, auf der Höhenlinie 920 m, halten wir uns rechts an den brei-

EISCHOLL. Der Name Eischoll soll sich aus dem keltischen «Ossel» (Hoch- oder Bergfluh) entwickelt haben; in einer Urkunde aus dem Jahr 1286 steht der Name «Oysel». Im Mittelalter unterteilte sich das heutige Gemeindegebiet in die drei Dorfschaften Oberhischru, Brunnen und Ried, die alle im Besitz der Herren von Turn in Niedergesteln waren. Nach deren Vertreibung im Jahr 1376 wurde Eischoll als Teil der Kastlanei Niedergesteln ein Untertanengebiet der Oberwalliser. Erst 1790 konnte sich Eischoll zusammen mit Niedergesteln gegen einen Betrag von 10 500 Pfund die Freiheit erkaufen. Als 1851 das erste kantonale Steuergesetz erlassen wurde, musste Eischoll wie Bürchen und Unterbäch mit Waffengewalt zur Anerkennung dieses Gesetzes gezwungen werden. 1877 brannte der westliche Teil des Hauptdorfes, des früherern Ortsteils Brunnen, vollständig nieder; er wurde in kurzer Zeit ohne fremde Hilfe wiederaufgebaut. Bis zum Bau einer kleinen barocken Kirche im Jahr 1766 gehörte Eischoll kirchlich zum Priorat Niedergesteln. 1866 entstand das heutige geräumige Gotteshaus in neuromanischem Baustil. Sehenswert sind zudem das Pfarrhaus aus dem Jahr 1772 sowie die alte Brunnbielkapelle am Ostausgang des Dorfes.

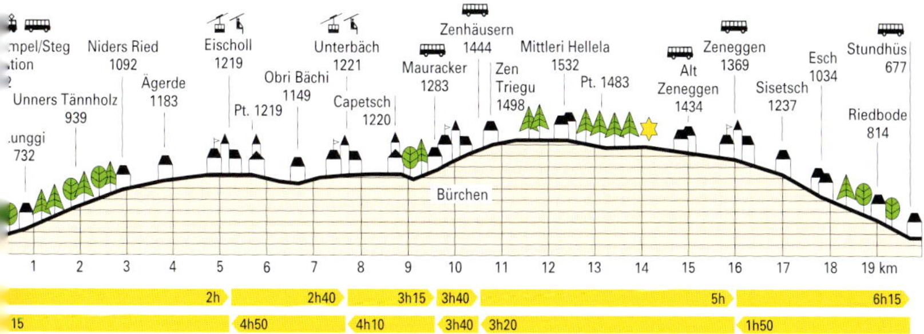

teren Weg. Im Unner Tännholz dreht er wieder nach Osten, bis wir bei Niders Ried den Wald verlassen. Über Loon steigen wir durch Buschhaine, und vor Ägerde stösst unsere Route auf die Strasse Turtmann–Eischoll. Wir folgen ihr ostwärts und geniessen den Ausblick auf die Walliser Berge und die nördlichen Täler. Am Gegenhang folgen unsere Augen dem mit Tunnels und Brücken gespickten Trassee der Lötschbergbahn.
Am Eingang von ***Eischoll,*** bei Striche, halten wir uns links an das bescheidenere Dorfsträsschen. Wir spazieren an der geräumigen Pfarrkirche und am Pfarrhaus vorbei zur Brunnbielkapelle am Ostrand des Dorfes. Hier folgen wir dem Fussweg in die weite Mulde, aus der die Dörfer Unterbäch und Bürchen grüssen. Kurz vor dem klaren Milibach, der Fussweg wählen. Kurz danach zweigen wir rechts auf einen bescheidenern Pfad ab. Nach der Krete tauchen wir ins Tälchen des Löübbachs ein. Im Capetsch erfreuen wir uns an der renovierten Pestkapelle St. Sebastian von 1632 mit dem luftigen Turmaufbau (Glockenträger mit Säulchen und Bügeln aus Tuffstein). Im Innern finden wir hinter einem Gittertor einen reichgeschmückten Altar.
Ein kurzer Abstieg über buschreiche Wiesen bringt uns an den Zusammenfluss des Ronbachs mit dem Löübbach. Am Gegenhang finden wir den Weg, der von Turtig/Raron aus dem Talgrund aufsteigt (Route 4). Wir folgen ihm nach rechts und überschreiten ein Fahrsträsschen. In ***Mauracker,*** dem ersten Weiler der Gemeinde Bürchen, stossen wir nach der Barockkapelle auf die grosse Fahr-

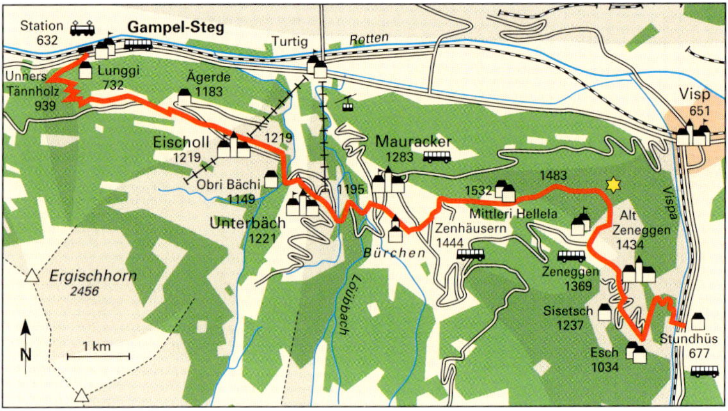

aus dem Ginals kommt, gelangen wir wieder auf die Strasse. Nach der Bachüberquerung, bei Obri Bächi, steigen wir rechts am Waldrand zu einem Gebetshäuschen auf. Bald danach wandern wir auf einem flachen Strässchen durch das Dorf ***Unterbäch.*** Dabei fasziniert uns im Norden das offen daliegende Bietschtal mit der mächtigen Pyramide des Bietschhorns. Am Ostausgang des Dorfes folgen wir der Strasse bis in den nächsten Graben (Pt. 1233), wo wir links ebenhin den strasse. Direkt bergwärts gelangen wir zum Pfarrweiler Hasol mit der 1962 erbauten Pfarrkirche. Der Glockenturm steht abseits der Kirche am Rand des Friedhofs.
Der Weg leitet uns bergwärts weiter, an der Häusergruppe von Ibri vorbei, zur geschlossenen Siedlung von ***Zenhäusern.*** Die 1905 erbaute Kapelle wurde 1923 von Albert Nyfeler malerisch ausgeschmückt. In einer Tuffsteingrotte steht ein Marienaltar.

Auf dem Platz von Zenhäusern halten wir uns an den nordostwärts ansteigenden Wiesenpfad. Er leitet uns zu den Häusern von Zen Triegu und auf einem Strässchen geradeaus weiter zu einer Wegkehre. Hier wechseln wir auf den Fussweg nach Zeneggen. Unterwegs geniessen wir den Ausblick auf die nördliche Bergkette zwischen dem Goms und Montana-Crans. Dominant ist wieder das Bietschhorn. Ebenhin durchqueren wir den Briggerwald. Mit dem breiten Sattel des Gebidums vor uns wandern wir durch die geschütze Mulde der Mittleri Hellela. Links am Weg stehen braungebrannte Häuser und Ställe. Nach der letzten Häusergruppe haben wir drei Wege durch den Eggwald zur Auswahl. Wir entscheiden uns für den linken, mit «Aussichtspunkt» markierten Weg; hier geniessen wir über steil abfallenden Flühen die beste Aussicht über das Rhonetal und die Berge. Am Ausgang des Eggwalds überrascht uns eine karge Felssteppe mit einer einzigartigen Flora. Wir geniessen den Ausblick ins Saastal und zur Mischabelgruppe. Im Osten liegt Brig zu unseren Füssen, darüber die umliegenden Berge. In einem grossen Bogen leitet uns der Weg nach Alt-Zeneggen. Hier zweigen wir auf ein Flursträsschen ab, das uns durch eine breite Wiesenmulde nach Unner dem Biel leitet, dem Kirchweiler von ***Zeneggen.***

Auf vielen Bergwegen – sei es tief im Unterwallis, zuhinterst in den Vispertälern oder im Goms – bietet die stolze Pyramide des Bietschhorns vor dem Lötschental einen einzigartigen Blickfang. Hier überragt sie eine Stadelgruppe bei Zenhäusern am Weg von Bürchen nach Zeneggen.

Wer noch mag, kann von Zeneggen in den nahen Grund des Vispertals absteigen. Der alte Fussweg dorthin beginnt direkt südlich des Kirchweilers, wo er durch den breiten Wiesenhang führt. Er erschliesst die Häusergruppen Egga, Widum, Sisetsch und Trolera und schneidet dabei immer wieder das Fahrsträsschen. Der östliche Gegenhang mit der Grossgemeinde Visperterminen ist von zahlreichen Tälchen durchfurcht. Über dem Weiler Esch zweigt rechts ein Pfad nach Unnerflie und Törbel ab. Auf dem kleinen Dorfplatz von Esch zieht sich unser Weg nach links. Bald zweigt rechts ein breiter Flurweg nach Stalden ab. Wir ziehen nordwärts weiter. Es folgt ein kurzer Steilabfall durch eine Felswand, der jedoch sicher angelegt ist. Über dem Riedbode wechseln wir auf die Schlaufen eines breiten Flurweges. Wir bestaunen die braungebrannten Häuschen in den kleinen Rebparzellen. Unter dem Riedbode senkt sich ein alter Pfad durch knorrige Eichenbestände zur Vispa ab. In unmittelbarer Nähe öffnet sich das Südportal des neuen Umfahrungstunnels ins Vispertal. Auf einer Fussgängerbrücke überqueren wir die Vispa und finden unter den Gabelungen der Talstrasse und unter der Bahnlinie durch den Weiler ***Stundhüs,*** von wo wir zu Fuss auf dem Planetenweg (R. 6) oder mit dem Postauto nach Visp und Stalden gelangen.

3 Durchs Ginals zum Dreizehntenhorn

5h30 Unterbäch–Grosse See–Dreizehntenhorn

Das Ginals, ein kleines Alptal zwischen dem Turtmanntal und den Vispertälern, führt zu den obersten Höhen der Augstbordregion. Der lange Aufstieg von Unterbäch lässt sich mit der Sesselbahn nach Brand um 1h verkürzen. Wer auf die grossartige Aussicht vom Dreizehntenhorn verzichtet, findet bereits beim Grosse See ein lohnendes Wanderziel.

In ***Unterbäch*** finden wir den Einstieg zu unserer Wanderung westlich der Dorfkirche beim alten Gemeindehaus. Hier ziehen wir südwestwärts in die Höhe.

UNTERBÄCH. In «Unterbächen», wie das Gebiet des heutigen Dorfes in alten Urkunden heisst, hatten verschiedene adelige Familien Besitzrechte. So fand man beim Abhang über dem Bächitobel, am alten Fussweg von Turtig nach Unterbäch, die Grundmauern einer vermutlich im 12. Jh. entstandenen Zwingherrenburg. Im Dorf selbst entstand im 15. Jh. ein nur noch als Ruine erhaltenes Wohnschloss für mehrere Familien und Herren geistlichen Standes. Seit dem Ende des 15. Jh. steht im Dorf das Gemeindehaus mit einem beachtlichen Saal von 12 x 8 m Grundfläche. Bereits 1554 wurde Unterbäch Pfarrei, musste aber noch 1670 für die volle Unabhängigkeit von der Mutterkirche Raron eine Loskaufsumme von 10 000 Talern zahlen. Die Pläne der 1599 eingeweihten Pfarrkirche entwarf der bekannte Baumeister Ulrich Ruffiner. 1696 gestaltete der Bildhauer Johann Ritz aus Selkingen den Hauptaltar. Die beiden Seitenaltäre schuf der Bildhauer Peter Lagger um 1710. Im Jahr 1957 erwarb sich Unterbäch den Namen «Rütli der Schweizerfrau». Damals gewährte der Gemeinderat von Unterbäch in eigener Kompetenz den Frauen die politische Gleichberechtigung, worin auch das eidgenössische und das kantonale Abstimmungsrecht eingeschlossen waren. Bekanntermassen ist nach einigem Hin und Her diese Gleichberechtigung inzwischen in der ganzen Schweiz zur Selbstverständlichkeit geworden.

Bei der obersten Häusergruppe und beim Wegkreuz nach dem Waldeintritt schwenken wir links ab. Im Rückblick beeindruckt uns der von tiefeingeschnittenen Tälern durchfurchte Nordhang mit der Lötschbergbahn BLS. Im Talgrund grüssen die Dörfer Raron mit der altehrwürdigen Burgkirche und St. German. Der Gratweg bringt uns zum alten Weiler Holz, dessen Häuser mit Holzschin-

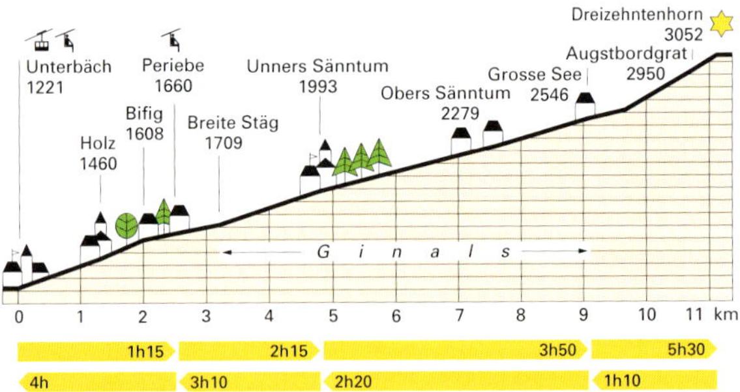

deln gedeckt sind. Der Weiler war einst eine selbständige Gemeinde, deren Freigericht in den Jahren 1435 bis 1798 nachgewiesen ist. Die schmucke Kapelle trägt einen Rippenturm aus Tuffstein. Ein Gitter trennt den reichen gotischen Altar vom Gebetsraum.

Über Holz schneiden wir den Weg von Brand nach Eischoll. Nach den Ställen im Bifig folgen wir kurz einer Suon, die das Wasser aus dem Milibach auf die Fluren von Unterbäch leitet. Vor dem Bach zweigen wir links ab. Bei ***Periebe*** stösst das Strässchen von der Bergstation der Sesselbahn Unterbäch–Brand zu uns. Wir folgen ihm ins Tal hinein. Beim Breite Stäg ziehen wir, ohne den Milibach zu queren, taleinwärts dem Ginals zu.

In der Nähe von Skiliften gelangen wir am Borteralpji vorbei zum ***Unner Sänntum,*** einer grossen Alpsiedlung. Darüber steht die Kapelle zu Ehren der Gottesmutter mit Bildern der Heiligen Wendelin und Bernadette. Auf der Rückwand des Gebetsraumes finden sich die Wappen der Familien von Unterbäch. Wir folgen dem breiten Alpweg taleinwärts und erkennen im Hintergrund bereits den Gipfel des Dreizehntenhorns. Im obersten kargen Baumbewuchs wandern wir am östlichen Talhang über einige Schlaufen bergwärts. Darüber grüssen am Gegenhang die Alpütten des Ober Sänntum. Wir freuen uns am Rauschen, Spritzen und Gurgeln des frischen Wassers im Milibach. Oberhalb des Borteralpji und des Gertschigalpji öffnet sich der Talkessel wie eine riesige Schale. Er wird im Süden vom Augstbordgrat zwischen dem Augstbordhorn und dem Dreizehntenhorn abgeschlossen. Hier setzt sich der Grat nordwärts fort über die Schwarzi Blatte und das Ginalshorn zum Signalhorn und zum Ergischhorn. Kurz vor der Bergstation des obersten Skilifts zweigt ein bescheidener Bergpfad rechts vom breiten Weg ab. Er leitet uns durch Weiden bergwärts zum ***Grosse See*** im Herzen des Ginals. Ein Ausflug in dieses hochalpine Becken ist für sich allein einen Tagesausflug wert. Am Gegenufer des Sees steht eine kleine Alphütte. Zwischen Geröllfeldern bieten blumenreiche Wiesen den Schafen karge Nahrung. Im Süden bildet der langgezogene Augstbordgrat die Wasserscheide zum Mattertal. Rechts am Grosse See vorbei ziehen wir auf dem stellenweise kaum sichtbaren Pfad nordwestwärts dem Steilhang zu. Beim oberen kleinen Bergsee beginnt der letzte Anstieg auf einem steilen, gut erkennbaren Pfad. Rasch gehen die Weiden in ein riesiges Trümmerfeld über. Dazwischen

Gasthaus unterwegs
Bergrestaurant Ginals
Unners Sänntum
3944 Unterbäch
✆ 027 / 934 27 96

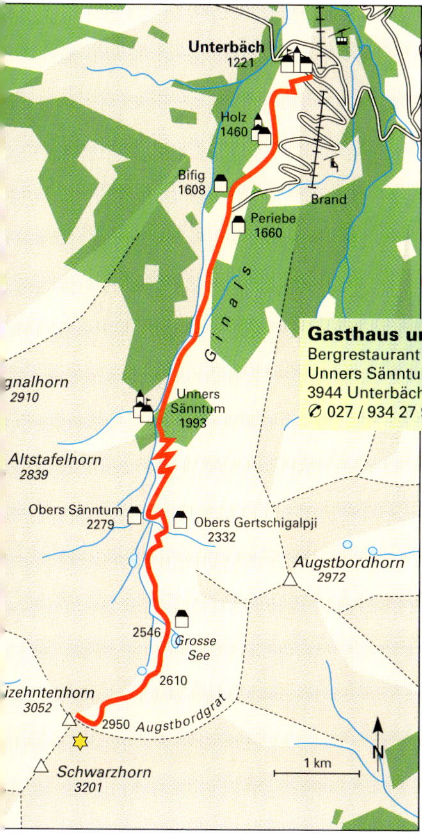

finden sich immer wieder bescheidene blumengeschmückte Moospölsterchen. Vor uns bestehen die Felswände aus rostbraunem Gestein. Der Aufstieg bringt uns an den Ausläufer des Augstbordgrats über dem Augstbordtälli, welches ostwärts ins Mattertal abfällt. Wir steigen rechts über den Grat zum Gipfel des ***Dreizehntenhorns.***

Das Dreizehntenhorn bildet den Grenzpunkt zwischen den drei Bezirken oder Zenden Visp, Westlich Raron und Leuk. Zwischen den Berner und den Walliser Alpen geniessen wir einen einzigartigen Rundblick. Im Norden gleitet unser Auge vom Wildhorn über den Wildstrubel und das Balmhorn zur faszinierenden Pyramide des Bietschhorns. Ostwärts setzt sich die Kette fort zu den Riesen der Jungfrauregion über der Krümmung des Aletschgletschers ins Goms hinauf.

Im Südosten begeistern uns die Berge des Saastals mit dem Weissmies, dem Fletsch- und dem Lagginhorn. Den Süden nimmt die Mischabelgruppe ein. Rechts über dem Sonnendorf Grächen klettert der Blick über den Riedgletscher hinauf ins Herz der Mischabelgruppe mit dem Balfrin, dem Nadelhorn und dem Dom. Rechts davon öffnet sich das hinterste Mattertal mit der Monte-Rosa-Gruppe, dem Breithorn und dem Weisshorn. Direkt vor uns, oberhalb der Rots Tällilicke, streben dunkle Schutthänge über die Nordflanke zum Gipfel des Schwarzhorns hinauf. Dieser ist vom Augstbordpass her (Route 13) leicht zu besteigen. Im Westen überblicken wir die weiten Alpweiden des Turtmanntals.

Vor dem Augstbordgrat hat sich im Ginals ein einzigartiges hochalpines Becken ausgebildet. Auf seinem Weideland sömmern die Schafe. Das Herzstück dieser Gebirgslandschaft ist der Grosse See, der zur Rast und zum Geniessen der Umgebung einlädt.

Abstieg

Den einfachsten Abstieg bietet der Aufstiegsweg. Schwindelfreie Wanderer hingegen wechseln ostwärts über den Augstbordgrat zum Augstbordhorn und zur Moosalp oder westwärts über die Niggelinglicke und das Niggelingtälli ins Turtmanntal. Kletterer erreichen südwärts übers Schwarzhorn oder im Abstieg durchs Rot Tälli den Augstbordweg (Route 13).

4 Über den Eckpfeiler des Vispertals

5h50 Raron–Bürchen–Törbel–Stalden

Südlich von Raron leitet uns der mittelalterliche Handelsweg zur Wallfahrtskapelle an der Wandflüe und auf das Wiesenplateau des Feriendorfes Bürchen. Eine längere Waldwanderung bringt uns ins alte Dorf Törbel über dem Eingang des Mattertals. Den Abstieg nach Stalden finden wir auf einem alten Saumweg

Staunend blicken wir bei der Station ***Raron*** südwärts zur Wandflüe: Ein kühn angelegter Weg durchzieht die Felswand. Die Einheimischen nennen den alten gepflasterten Handelsweg ins Mattertal «Römerweg». Wir wandern südwärts nach Turtig, unterqueren die Kantonsstrasse und finden hinter den Talstationen der Seilbahnen nach Unterbäch und Eischoll den Einstieg in unsere Wanderroute. Wegkapellen, wie aus dem Fels herausgewachsen, geben dem zur Wandflüekapelle aufsteigenden Pilger Anstoss zur innerlichen Einkehr. Von der weit ins Tal hinunter grüssenden Kapelle erzählt die Sage, dass ein kranker Mann in Raron an den Vorabenden der Marienfeste in den Felswänden ein tröstliches Licht gesehen habe. Da soll er in einem Gelübde für seine Heilung der Schmerzhaften Muttergottes ein Bildstöcklein versprochen haben. Bald darauf sei er erhört worden und habe das Gelübde eingelöst. 1786 hat die Ge-

BÜRCHEN. Am Schattenhang des Rhonetals, zwischen Visp und Raron, zieht sich das Gemeindegebiet von Bürchen vom Grund bis zum Grat über eine Höhendifferenz von 2200 m. Das Dorf selbst, das sich in 16 Weiler gliedert, schmiegt sich auf mittlerer Höhe in eine weitausladende Wiesenmulde, die von Wäldern umschlossen ist. Heute sind die Weiler mit Fahrstrassen erschlossen, die in Visp und Turtmann mit den grossen Verkehrswegen verbunden sind. Der obere Teil des Dorfes, die Bürchnerweide, hat sich zu einer grossen Feriensiedlung mit Gasthäusern und Chalets entwickelt. Der Name Bürchen wird von «Birke» hergeleitet. Erst 1879 wurde Bürchen selbständige Pfarrei. Die damals erbaute Herz-Jesu-Kirche wurde 1962 abgebrochen und durch einen achteckigen Neubau ersetzt, der mit dem abseits stehenden gemauerten Glockenturm gut in die milde Landschaft passt. Sehenswert sind auch die malerischen Kapellen in den verschiedenen Weilern, so die alte Barockkapelle in Mauracker mit einem kleinen Glockenturm aus tuffsteinernen Bögen und die Pestkapelle in Capetsch am Weg nach Unterbäch.

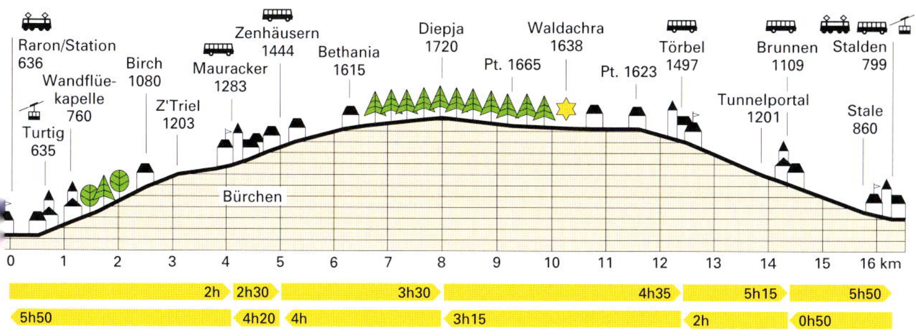

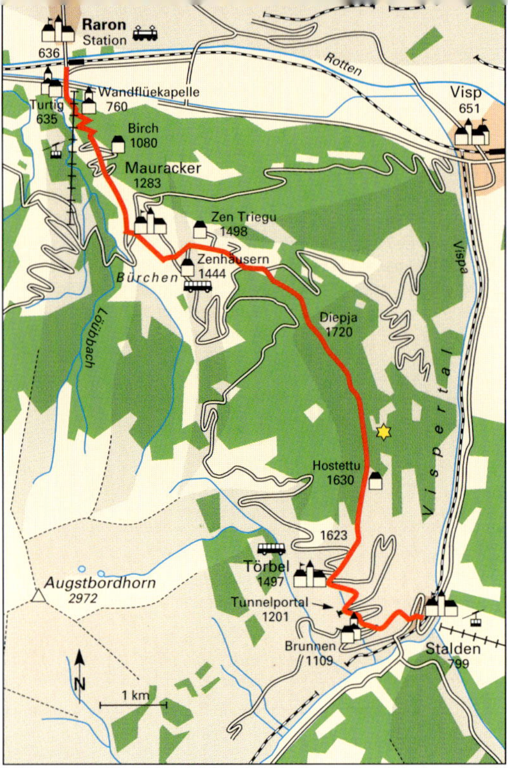

Altes Brauchtum hat im Wallis immer noch einen hohen Stellenwert. Dazu gehören die Prozessionen an Fronleichnam und am darauffolgenden Segensonntag, mit denen Gott nach einem harten Bergwinter für das Wiedererwachen der Natur gedankt wird. Vor den braungebrannten Häusern von Törbel verfolgen wir den Aufzug der Herrgottsgrenadiere, deren farbenprächtige Uniformen vielfach noch aus der Söldnerzeit stammen.

meinde Bürchen das Bildstöcklein durch die heutige Wallfahrtskapelle ersetzt.
Im weiteren Aufstieg werden am Nordhang das alte Dorf Raron mit der bekannten Burgkirche sowie das Winzerdorf St. German sichtbar. Der Hang östlich der Kapelle war früher mit Föhren bestockt; sie fielen vor Jahrzehnten einem Feuer zum Opfer, das im dürren Sumpfrohr der Talsohle seinen Anfang genommen hatte. Immer wieder geraten wir an den Rand der tiefeingeschnittenen Milibach-Schlucht, die von den Kabeln der Seilbahn nach Unterbäch durchspannt wird. In einem Buschhain durchschreiten wir die Weiden von Birch, das von oben her durch eine Flurstrasse erschlossen ist. Wir sehen dabei einen «Tschergger» (zu chercher = suchen), in dem die Herde zur Schafscheid zusammengetrieben wurde. Bis zur Häusergruppe von Z'Triel schneidet der alte Weg die Kehren der Flurstrasse. Hier tauchen wir in die milde Wiesenmulde von Bürchen ein. Westwärts schweift der Blick über die Plateaus von Unterbäch und Eischoll. Wir folgen dem Strässchen nach Bode und ***Mauracker,*** den untersten Weilern der Gemeinde Bürchen. Der luftige Glockenturm überragt die Barockkapelle inmitten einer behäbigen Häusergruppe. Direkt bergwärts gelangen wir zum Weiler Hasol mit der Pfarrkirche und dem allein stehenden Glockenturm am Rand des Friedhofs. Über Ibri gewinnen wir die Höhe des Weilers ***Zenhäusern,*** dessen Häuser auf einer Kuppe zusammengedrängt sind. Die 1905 erbaute Kapelle wurde 1923 von

Albert Nyfeler mit Malereien ausgeschmückt.
In Zenhäusern halten wir uns halblinks und steigen nordostwärts nach Zen Triegu. Bereits oberhalb von Turtig konnten wir die Spitze des Bietschhorns erkennen; hier hat sich die mächtige Pyramide zur vollen Pracht entfaltet. Rechts und links wird sie von zahlreichen Gipfeln der Berner Alpen gesäumt. Wir schwenken rechts auf einen bescheidenen Wiesenpfad ab und streben zu den alten Ställen von Eitresch. Geradeaus, an der Siedlung Blatt und am Visper Ferienhaus Bethania vorbei, tauchen wir auf einem breiten Weg in den Wald ein. Dieser leitet uns bei Seewjini über der Obri Hellela hindurch. Auf einem breiten Forstweg durchschreiten wir den Lochwald und drehen uns dabei über dem Eingang der Vispertäler immer mehr nach Süden. Nach der «3-Gemeinde-Mark» sind wir bei der ***Diepja*** und damit auf dem höchsten Punkt unserer Wanderung. Rechts zweigt der Weg zur Moosalp ab (Route 7). Wir bummeln in südlicher Richtung und erkennen die ersten Spitzen der Mischabelgruppe. Bei den Waldachra lichtet sich das Gehölz, und wir geniessen die Rundsicht: Am östlichen Gegenhang liegt unter dem Sattel des Gebidumpasses (Routen 10 und 12) die grosse Gemeinde Visperterminen. Links davon zieht sich das Goms zum Galenstock. Südwärts taucht der Blick bis ins innerste Saastal. Nach den Häusern von Hostettu erreichen wir bei Pt. 1623 die Strasse zur Moosalp. Vor uns öffnet sich das Mattertal. Das mächtige Weisshorn (4505 m), zum Teil vom zackigen Bruneegghorn (3833 m) verdeckt , hinterlässt den tiefsten Eindruck.
Über die Moosalpstrasse und links davon durch den alten Ortsteil Furren finden wir den Weg zur Kirche von ***Törbel.*** Darunter strebt der Weg durch die Hofmatte nach Osten, später windet er sich durch den kargen sonnenexponierten Steilhang in die Tiefe. Am nach Embd führenden Tunnelportal vorbei folgen wir kurz der Fahrstrasse; bald können wir wieder rechts auf den alten Fussweg abbiegen. Die Kapelle von ***Brunnen*** trägt den für die Region typischen luftigen Kuppelaufbau. Auf dem Holzgitter, das den Altar vom Gebetsraum trennt, finden wir die Jahrzahl 1675. Südöstlich der Kapelle führt der Fussweg unter der Strasse weiter, später schneidet er eine Strassenkehre. Am Gegenhang grüsst das Dorf Staldenried. Unter uns erkennen wir die ersten Brücken des Brückendorfs Stalden. Unter einer riesigen Fluh leitet eine Suon das Wässerwasser aus dem Saastal auf die Fluren von ***Stalden***. Ein buschgesäumter Weg leitet uns über Stale rasch hinunter ins Dorf.

5 Kurzweilige Traversierung der Vispertaler Sonnenberge

5h30 Visp–Zeneggen–Törbel–Embd–Kalpetran

Oberhalb Visp führt uns der alte Saumweg durch kargen Föhrenwald zu einer umfassenden Sicht über das Rhonetal. Durch behagliche Bergdörfer, Weiler, Weiden und Wälder finden wir südwärts Wege ins Mattertal. Bei Embd zwingt uns eine Felsbarriere zum Abstieg nach Kalpetran an der Zermatt-Bahnlinie (BVZ).

Südlich des Bahnhofs von ***Visp*** zweigen wir halbrechts auf den Brückenweg ab. Nach der gedeckten Poststation überschreiten wir auf der 1957 erbauten Betonbrücke die Vispa. Früher stand hier die geschichtsträchtige Landbrücke, eine gedeckte Holzbrücke. Ein Gedenkstein erinnert an die tapferen Walliser, Männer und Frauen, die sich hier erfolglos den anstürmenden französischen Revolutionstruppen entgegenstellten. Im Ortsteil Ennet der Brücke beginnt links der alte Saumweg anzusteigen. Er durchquert zuerst die alte gefällige Wohnsiedlung und führt danach durch die «Hohle Gasse» zu den Häusern und Rebbergen

TÖRBEL-BURGE. Das Dorf Törbel, dessen Name aus dem keltischen «dorwia» = Lärchenwald hergeleitet wird, ist erstmals 1224 urkundlich erwähnt. 1514 kaufte Törbel von der Gemeinde Guttannen die Oberaaralp «um 850 Pfund Pfenninge Berner Münz». Inbegriffen war die Jagd, mit Ausnahme der Jagd auf Bären und Wölfe, die sich die Verkäuferin für die Gnädigen Herren zu Bern vorbehalten musste. Danach haben die Törbjer die Oberaaralp regelmässig bestossen, bis sie diese an die Kraftwerke Oberhasli verkauften. Um 1350 löste sich Törbel von der Pfarrei Visp und wurde in Stalden kirchgenössig. 1686 baute sich Törbel als selbständige Pfarrei eine eigene Kirche. 1960 entstand die neue moderne Kirche, die mit den Barockaltären der alten Kirche ausgerüstet wurde. Burge (Bild S.3), ein malerischer Weiler nordöstlich des Hauptdorfes Törbel, soll einst eine eigene Gemeinde gewesen sein. Als der bekannte Humanist Thomas Platter um 1530 wieder ins Wallis kam, ging er «einen gar hohen Berg hinauf nach Burge» zu seiner Schwester Christine, «die da hatte einen Mann und neun Kinder». Nachdem ein in spanischen Diensten stehender Offizier namens Wyss auf der Heimkehr in eine Räuberherberge geraten war, gelobte er als Dank für seine Rettung den Bau der Kapelle. Ein luftiger Tuffsteinaufsatz krönt den Glockenturm. Hinter einem Holzgitter ziert ein Muttergottesaltar den Gebetsraum.

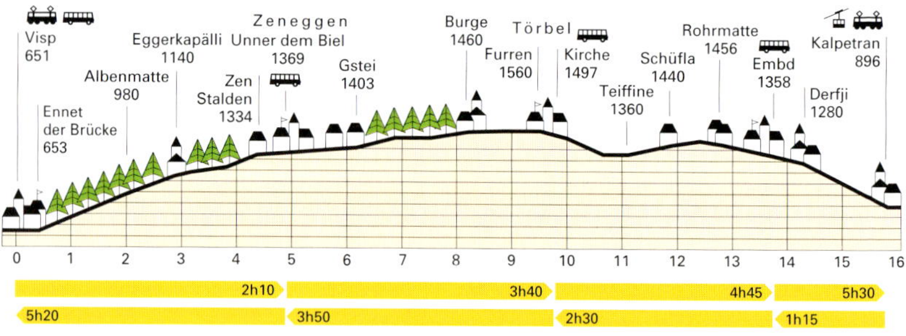

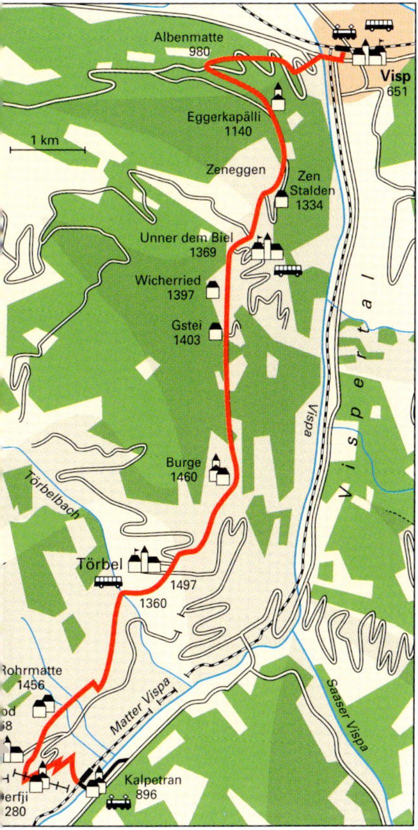

in den Schlusselachra. Hier taucht der Weg in den mit Föhren bestockten Hang ein, der für Liebhaber der Felssteppenflora reiche Ausbeute bietet. Im Aufstieg wird das Städtchen Visp mit seinen Fabrikanlagen immer kleiner. Um so mehr weitet sich der Blick ins Rhonetal und zu den nördlichen Berner Alpen mit ihren tiefeingeschnittenen Tälern. Unser Saumweg, der immer wieder die Fahrstrasse kreuzt, führt uns bis in die Albenmatte, wo am bergseitigen Strassenrand ein Brunnentrog steht. Wir überqueren die Strasse geradeaus. Nach wenigen Schritten zweigt links ein Fahrweg zu einem beliebten Rastplatz ab. Ein Standbild der Muttergottes in einer Grotte schmückt die stille Wiese. Unser Weg führt vor dem Rastplatz geradeaus weiter und steigt in den Hochwald hinauf.

Vor dem Eggerkapälli, das sich an eine Felswand schmiegt, blicken wir nochmals steil hinunter nach Visp und weit ins Rhonetal hinauf. Nach 300 m stossen wir bei Pt. 1173 auf die nur schwach befahrene Strasse nach Zeneggen. Wir folgen ihr unter Felsflühen und über dem Helbrigacher 500 m weit, bis wir rechts auf einen Fussweg abzweigen. Am östlichen Gegenhang öffnet sich der Bächjigraben, an dessen linker Flanke die Heidenreben von Visperterminen hochsteigen. Am Ausgang des Waldes geniessen wir den Ausblick zu den Gipfeln der Mischabelgruppe und hinein ins Saastal. An früheren Bergflachsgruben vorbei finden wir wieder die Strasse und steigen über Zen Stadlen geradeaus nach ***Unner dem Biel,*** dem Kirchweiler des bescheidenen Bergdorfes ***Zeneggen.*** Hinter uns reckt sich das Bietschhorn, rechts am Hang liegt der ursprünglich gebliebene Weiler Alt-Zeneggen. Das Dorf Visperterminen unter dem breiten Sattel des Gebidums im Blickfeld, ziehen wir auf einem flachen Strässchen über Wicherried und Blatt südwärts zum Gstei. Auf einem angenehmen Waldweg erreichen wir die Märufelli. Früher sollen hier alte Mähren (daher der Name) und untaugliche Pferde über den Fels gestürzt worden sein. Nach einem gemütlichen Waldbummel beginnt der Weg in den Waldachra leicht zu sinken, bis wir zur urtümlichen Stadelgruppe von Burge kommen. Hier steigen wir zur Kapelle aus dem Jahr 1700 auf.

Direkt vor der Kapelle ziehen wir auf einem bescheidenen Wiesenpfad südwärts. Nach den Ställen im Hüsacher bringt uns ein kurzer Aufstieg nach Furren, dem obersten Teil des Dorfes ***Törbel.*** Im Süden öffnet sich das vom strahlenden Weisshorn überragte Mattertal. Zwischen alten Häusern, Stadeln und Ställen steigen wir durch enge Gassen zur ***Kirche*** ab. Unterhalb des einheitlich gestalteten Friedhofs schlagen wir den direkt südwärts fallenden Weg ein und zweigen nach 100 m rechts zum Törbelbach ab. Wir überschreiten die Strasse und folgen einem Wiesenpfad. Er bringt uns über den Tschongbach zur Kirche. Am Gegenhang sonnt sich das Feriendorf Grächen auf einem breiten Plateau. Darüber erstreckt sich der Ausläufer des langen Riedgletschers.

Hoch über Visp markiert das Dorf Zeneggen mit seinen zahlreichen Weilern den Übergang vom Rhonetal in die Vispertäler. Seine exponierte Lage bürgt für eine umfassende Aussicht in die Berge und Täler des Oberwallis. Weitläufige Wälder, Äcker und Weiden verlocken zu ausgedehnten Spaziergängen und Wanderungen (Routen 2, 5, 7).

Im Rückblick können wir die dunkelbraune Häuserfront von Törbel bewundern. Im steilen Felstobel des Törbelbachs erwartet uns ein flacher Pfad, auf dem wir durch trockene Steilhänge über Teiffine dem Mattertal entgegenbummeln. Unter uns zieht sich die neue Strasse nach Embd durch. Vor der Schüfla stossen wir auf die Kehre eines breiten Flurweges. Wir wählen den rechts ansteigenden Ast, der uns 200 m über die Häusergruppe hinaus zur nächsten Kehre bringt. Nach der Rechtskurve folgen wir dem Flurweg noch 50 m, bis wir links über eine Spitzkehre wieder auf einen bescheidenen Pfad einschwenken. Nach kurzem Aufstieg folgen wir einer Suon zu den obersten Häusern des Weilers Rohrmatte. Hier senkt sich der Weg zum Dorf ***Embd.*** Nach einer Häusergruppe stehen wir auf der neuen Strasse. Wer mit der Luftseilbahn in den Talgrund nach Kalpetran fahren will, folgt der Fahrstrasse ins Dorf. Für die Wanderung nach Kalpetran überschreiten wir direkt

Vor dem Kirchenportal fällt der Blick auf die mit Steinplatten gedeckten Häuser des Weilers Derfji. Der alte Saumweg führt in Kehren darüber durch. Er zieht sich nach links auf ein Strässchen, dem wir unter der Luftseilbahn bis zur Kapelle folgen. Wenige Schritte danach wechseln wir wieder rechts hinüber zum Saumweg. Er bringt uns in vielen Windungen durch Weiden, Büsche und über Geröllhänge in die Tiefe. Unterwegs erblicken wir ein Bergfenster, einen Bauzugang zum Druckstollen des Kraftwerks Ackersand 2. Darunter stossen wir auf die Deponie von Ausbruchmaterial aus diesem Fenster. Es dient als Steinschlagschutz für die tiefer liegende Siedlung ***Kalpetran.*** Vor dem Bau der Strasse war Kalpetran Ausgangspunkt für den Aufstieg nach Grächen. In der Station können wir die Züge der Zermatt-Bahn BVZ besteigen. Zudem stehen uns Wanderwege nach Stalden und St. Niklaus (Route 6) sowie nach Grächen zur Verfügung.

6 Auf alten Wegen ins Mattertal

4h50 Visp–Stalden–Kalpetran–St. Niklaus

Am Eingang des Vispertals führt uns der alte Talweg durch Rebberge. Unterwegs begleitet uns ein Modell unseres Sonnensystems bis zur Kirche von Stalden. Nach den zahlreichen Brücken von Stalden finden wir zuerst am linken, später am rechten Talhang Wanderwege über der schäumenden Vispa bis ins Herz des Mattertals.

Vom Bahnhof ***Visp*** schreiten wir auf der Bahnhofstrasse südwärts. Geradeaus beginnt beim Kaufplatz ein kurzer Aufstieg durch alte Gassen, am Blauen Stein vorbei, zum St.-Martini-Platz. Dieser wird umrahmt von der Pfarrkirche, vom Pfarrhaus, vom Rathaus und vom turmgeschmückten Burgenerhaus. Weiter südwärts gehen wir zwischen der Pflanzetta, einer Suste aus dem Jahr 1352, und dem Friedhof hindurch und drehen uns rechts dem alten Talweg zu. Bereits nach wenigen Schritten beginnt der Planetenweg. Die Astronomische Gesellschaft Oberwallis hat es unternommen, längs dem Wanderweg Visp–Stalden ein Modell unseres Sonnensystems im Massstab 1:1 Milliarde (1 mm = 1000 km) darzu-

STALDEN. Das «Brückendorf» Stalden an der Gabelung des Vispertals in das Matter- und das Saastal ist seit dem Mittelalter ein wichtiger Verkehrsknotenpunkt. Heute überspannen 14 Brücken, die dem Strassen-, Bahn- und Fussgängerverkehr dienen, die stellenweise in tiefe Schluchten eingeschnittenen Flüsse. Ausser den Brücken an unserem Wanderweg sei auf die mittelalterliche Chi-Brücke verwiesen, die in ihrer heutigen Form auf den Baumeister Ulrich Ruffiner zurückgeht. Im Weiler Merjen soll es bereits 1256 eine Kirche gegeben haben. 1535 löste sich Stalden von der Mutterpfarrei Visp. Die heutige, 1777 erbaute Pfarrkirche St. Michael wurde1971–1973 nach einem Brand restauriert und unter eidgenössischen Schutz gestellt. Sie ist mit reichen Barockaltären und Deckengemälden geschmückt. Nördlich der Pfarrkirche überragt das 1675 erstellte Pfarrhaus einen steilen Felsvorsprung. «Stalden» bezeichnet eine ansteigende Stelle im Gelände. Die gediegenen wetterdunklen Gebäude des alten Dorfes drängen sich um einen Hügel, der im 13. und 14. Jh. die Burg der Herren von Stalden oder de Stella getragen haben soll. Die grosse Bedeutung als Verkehrsknotenpunkt konnte Stalden, Station der Zermattbahn BVZ, bis Anfang der sechziger Jahre bewahren, als der Ausgang der ins Saastal führenden Postautolinie nach Brig verlegt wurde.

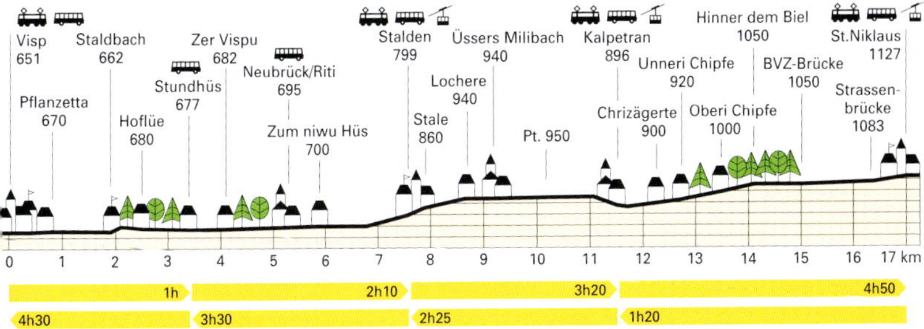

stellen. Als erstes überragt uns die Sonne. Bis zur Kirche von Stalden werden wir immer wieder auf Darstellungen von Planeten stossen. Südwärts, auf der Anhöhe über der Landwirtschaftlichen Schule Oberwallis, bummeln wir durch Buschhaine und Rebberge. Weit vor uns grüssen über dem Taleinschnitt die Gipfel der Mischabelgruppe. Über dem Gasthaus im Staldbach, am Ausgang des Bächjigrabens, stehen wir am Fuss der Heidenreben von Visperterminen. Am gutbesonnten und windgeschützten Hang ziehen sich die Rebberge hinauf zu den höchstgelegenen Lagen Europas.

Nach dem Staldbach zwingt uns eine Tal-

Über dem Staldbach bildet das Modell des Jupiters mit seiner Erläuterungstafel eine Station des Planetenwegs von Visp nach Stalden.

enge geradeaus zu einem kurzen Aufstieg. Nachdem wir das Gegengefälle hinter uns gelassen haben, wandern wir auf einem Pfad durch bunte Blumenwiesen über der Talstrasse am Weiler Hoflüe vorbei. Am Schluss folgen wir etwa 50 m einem Strässchen, bis wir rechts zu den Häusern von ***Stundhüs*** abzweigen. Dieses ist eine Wegstunde von Visp entfernt. Wir überschreiten den Riedbach, halten uns rechts und unterqueren die Gabelungen der Talstrasse und Bahnlinie.

Wir wechseln an den Gegenhang, an dem sich Rebberge zwischen Buschwäldchen und zerrissenen Felsgebilden nach Zeneggen hinaufziehen. Taleinwärts begleiten wir die Vispa auf einem einfachen Strässchen, bis wir nach einem kurzen Aufstieg bei Neubrück/Riti auf die ersten Brücken von Stalden stossen. Die alte gemauerte Bogenbrücke mit einem Bildstöcklein auf dem Buckel diente einst den Säumern und Fussgängern. Die schmucke Kapelle am Gegenufer trägt auf der geschnitzten Holztüre die Jahrzahl 1727. Das luftige Tuffsteintürmchen erinnert an den ehemaligen Turm der Kirche von Visp, ein Opfer des schweren Erdbebens von 1855. Selbst die neue Bogenbrücke vermag dem heutigen Grossverkehr nicht mehr zu dienen; dieser braust am Gegenufer der Vispa geradeaus ins Tal hinein.

Von Rebbergen begleitet, folgen wir der alten Strasse, bis sie bei Zum niwu Hüs zu steigen beginnt. Hier übernimmt uns links ein Strässchen zur ARA Stalden. Bei der ARA zieht der Fussweg mit einer kurzen Schlaufe bergwärts, danach dient uns die Kirche von Stalden als Wegmarke. Wir überblicken am Gegenufer der Vispa die Häuser und die Kraftwerkzentralen von Ackersand. Zusammen mit der nicht sichtbaren Kavernenzentrale der Kraftwerke Mattmark wird hier die Wasserkraft der beiden Vispertäler in elektrischen Strom umgewandelt. In Ackersand wechselt die Bahnlinie zu uns herüber. Mit einem Zahnradgestänge strebt sie knapp unter uns dem Dorf Stalden zu. Im Süden überspannt die 1964 erbaute Michaelsbrücke in einem weitem Bogen den Taleinschnitt. Im östlichen Tälchen türmen sich, ähnlich wie in Euseigne im Unterwallis, graue Erdpyramiden (Bild S.40). Nach dem Pluto, der letzten Station des Planetenweges, stehen wir vor der Pfarrkirche von ***Stalden.*** Zwischen ehrwürdigen alten Holzhäusern steigen wir ins Dorfzentrum von Stalden hinauf. Weiter im Südwesten, beim Restaurant «Hohlgässli», können wir auf dem alten Weg die weit ausholende Strassenschlaufe abschneiden. Danach folgen wir kurz der grossen Talstrasse und zweigen rechts auf das bescheidenere Strässchen nach Törbel ab. Es bringt uns nach 800 m in der Lochere, bei der Bushaltestelle Milibach, zum links abzweigenden alten Talweg. Überragt vom Weisshorn, öffnet sich das Mattertal. Nach den Häusern und der Kapelle von Üssers Milibach senkt sich unser Weg ab; er zieht sich unter steilen Flühen ins Tälchen des Törbelbachs, das unter uns von der Zermatt-Bahn auf einer Betonbrücke überquert wird. Über der tiefeingeschnittenen Schlucht der Matter Vispa geniessen wir einen prächtigen Spaziergang, während der lebhafte Strassenverkehr auf der andern Talseite durchbraust. Unterwegs stossen wir auf eine erste Abzweigung nach Embd. Über den steinplattengedeckten Häusern von Kalpetran treffen wir auf den breiten Saumweg von Embd (Route 5). An einem Schutzwall vorbei folgen wir ihm in die Tiefe zur Station ***Kalpetran*** der Zermatt-Bahn BVZ und zum gleichnamigen Weiler. Kalpetran, ein Ortsteil von Embd, erlebte seine grosse Zeit nach dem Bahnbau als Ausgangspunkt des Aufstiegs nach Grächen. Heute wickelt sich dieser Verkehr auf der Strasse über St. Niklaus ab. So ist es um die Bahnstation Kalpetran still geworden. Da der Anschluss des Weilers an die Talstrasse nur kurz ist, halten die Bewohner ihrer Heimat die Treue. Dies bezeugt die neu erstellte Kapelle mit einem Altar der Heiligen Familie aus dem Jahr 1903. Sehenswert sind die bunten Fenster und die holzgeschnitzten Stationen des Kreuzwegs. Südlich der Kapelle fällt der Weg zur Brücke über die tiefe Schlucht der Matter Vispa. Direkt nach der Brücke halten wir uns rechts und folgen über dem rauschenden Talfluss dem Fussweg taleinwärts. Am Gegenhang gedeihen unter einer steilen Felswand noch Reben. Nachdem die Bahnlinie in der Unneri Chipfe zu uns herübergewechselt hat, tost der Embdbach über Felswände in die Tiefe. Später ist der Hang von Ausbruchmaterial überschüttet. Es sind Überreste der Quarzitplatten-Brüche von Embd. Über einige Kehren steigen wir zu den Häusern der Oberi Chipfe. Im Norden scheint das Dorf Embd mit seiner Kirche wie an den Hang geklebt.

Unser Weg zieht sich durch einen walddurchsetzten Geröllhang ebenhin taleinwärts, bis er sich bei Hinner dem Biel links der Fahrstrasse zuwendet. Geradeaus wurde hier im Sommer 1988 ein neuer Pfad nach St. Niklaus als Wanderverbindung eröffnet. Diese nähert sich immer mehr der Bahnlinie und der Matter Vispa. Nach einem kurzen Aufschwung zur Strasse senkt sie sich zur BVZ-Brücke ab, die wir auf einem seitlichen Stahlrost benutzen können. Am Gegenhang bummeln wir zwischen der Bahnlinie und der Matter Vispa durch Buschwäldchen und Wiesen, bis uns der rauschende Jungbach überrascht. Bald erscheint die mächtige Zwiebel des Kirchturms von ***St. Niklaus*** als Wegweiser, während im südlichen Taleinschnitt das Kleine Matterhorn grüsst. Nach der Strassenbrücke schreiten wir rechts auf dem alten Fussweg zum Dorf und zur Station der Zermatt-Bahn hinauf.

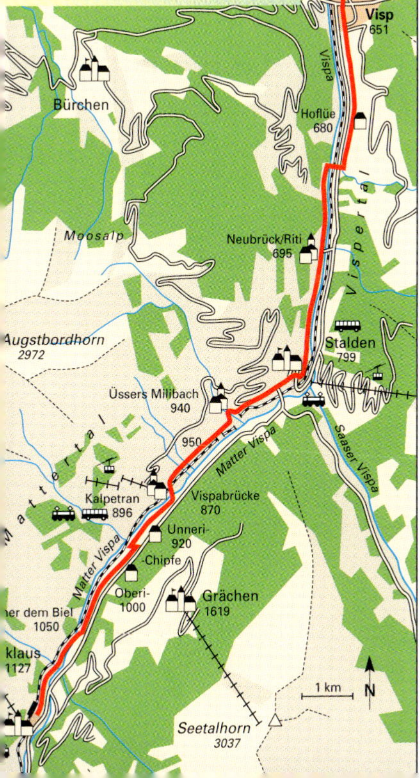

7 Höhenwanderung im vorderen Mattertal

6h50 Zeneggen–Moosalp–Jungu–St. Niklaus

Ein gemächlicher Bergweg leitet uns durch ausgedehnte Wälder auf die Höhen der Moosalp. Auf den historischen Spuren der Augstbord-Wasserleitung und auf einem neu angelegten Wanderweg geniessen wir eine grossartige Sicht in die Bergwelt. Die Weiler Schalb und Jungu sind Beispiele einer kargen, seit Jahrhunderten gepflegten Berglandwirtschaft.

Zeneggen ist Ausgangspunkt zahlreicher Wege zur Moosalp. Beschrieben ist hier der angenehmste, ein gemütlicher Waldbummel ohne grosse Steigungen. Zuerst benutzen wir dazu das Strässchen ab Unner dem Biel, dem Kirchweiler von Zeneggen. Es strebt durch eine Wiesenmulde nordwestwärts den braungebrannten Häusern von Alt-Zeneggen zu. Dahinter dreht sich der Weg zum Eggwald hinauf, wo wir den linken Wegast wählen. Nach dem erfrischenden Waldbummel stehen wir am westlichen Waldrand, im Loch, vor den Wiesen der Mittleri Hellela. Wir halten uns links zum Berghang, überschreiten ein Fahrsträsschen und finden geradeaus den Einstieg zu einem Waldpfad. Über zwei Kehren leitet uns dieser zum idyllischen Sommerweiler der Zenegger, der ***Obri Hellela.*** Am Waldrand oberhalb der Häuser steht die Skihütte der Visper.
Hier steigen wir südwärts in den Lochwald hinauf und wandern links auf einem

ZENEGGEN. Das bescheidene Bergdorf Zeneggen, südwestlich etwa 700 m über Visp, umfasst heute mehr als ein Dutzend Weiler, von denen keiner den Gemeindenamen Zeneggen trägt. Einst war Sisetsch (Route 2) die bedeutendste Siedlung von Zeneggen. Gräberfunde weisen darauf hin, dass Sisetsch gleichzeitig mit dem Heidnischbiel bei Raron besiedelt war. So wurden etwa 10 Gräber geöffnet, die aus vorrömischer Zeit und zum Teil aus dem 1. Jh. n.Chr. stammen dürften. Die ersten Schriften aus dem Gemeindegebiet befassen sich mit dem Augstbordwasser, litt doch der trockene Berg bereits vor 1000 Jahren unter argem Wassermangel. Erstmals wird Zeneggen 1453 unter dem Namen Eccon als Gemeinde genannt. 1716 wurde ein Rektor der Pfarrei Visp fest in Zeneggen ansässig; die Gründung der Pfarrei geht auf das Jahr 1754 zurück. Die Pfarrkirche im Weiler Unner dem Biel, dem heutigen Dorfzentrum, wurde 1897 erbaut. Etwas höher auf dem Biel steht die den Vierzehn Nothelfern geweihte Kapelle. Dieses Gotteshaus mit einem gefälligen Barockaltar war lange Zeit ein beliebter Wallfahrtsort.

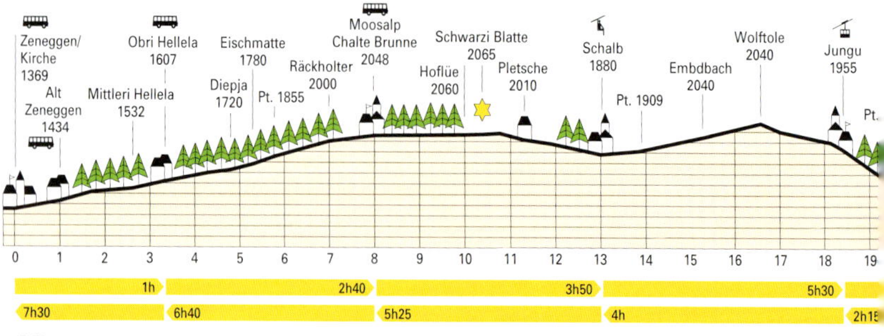

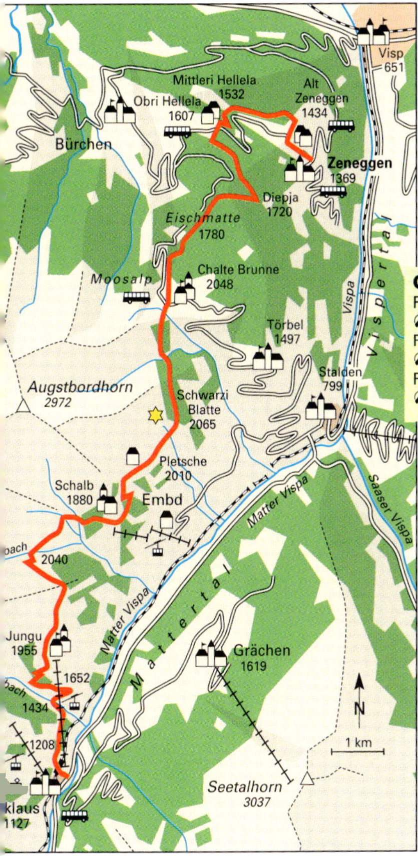

breiten Waldweg dem Vispertal zu. Die «3-Gemeinde-Mark» (Pt. 1700) gehört den Gemeinden Zeneggen, Törbel und Bürchen. Bei der Waldlichtung über der Diepja schwenken wir rechts auf einen bescheidenen Pfad ab und finden nach einer Mulde die Waldlichtung Eischmatte. Beim Wegweiser am breiten Forstweg haben wir die Wahl zwischen zwei Wegen zur Moosalp. Wir könnten links etwa 300 m ebenhin wandern und dann rechts über die Breitmatte aufsteigen. Ebenso bequem, aber weniger zeitaufwendig ist es, wenn wir in der Eischmatte links vom Bächlein geradeaus weiterziehen und bei der nächsten Geländemulde halblinks den Wald betreten. Dabei stehen wir bald über dem weit nach Westen offenen Rhonetal. Im Norden folgen sich die Gipfel der Berner Alpen, wobei das mächtige Bietschhorn über dem Bietschtal den Blickfang bildet. Unter uns reihen sich die Dörfer Bürchen, Unterbäch und Eischoll auf Terrassen

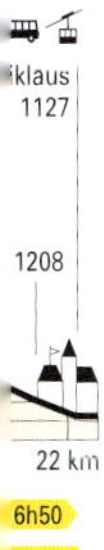

Gasthaus unterwegs
Restaurant Dorbia, Moosalp, 3923 Törbel
✆ 027 / 952 15 53
Restaurant Moosalp, 3923 Törbel
✆ 027 / 952 14 95
Restaurant Junger-Stübli, Jungu, 3924 St. Niklaus
✆ 027 / 956 21 01 / 956 24 08

über dem Talgrund. Im Räckholter stossen wir auf die Kehre der Moosalp-Strasse. Links der Strasse folgen wir dem Pfad ins flache Moos. Nach einem Einschnitt stehen wir bei den Gasthäusern und der Postauto-Haltestelle der ***Moosalp,*** die von drei Seiten her mit Postkursen bedient wird. Im Winter tummeln sich hier zahlreiche Skifahrer, während der Sommer den Wanderern und Älplern vorbehalten ist.

Jetzt bummeln wir auf einem breiten Weg südwärts; unter unsern Füssen ist die Augstbord-Wasserleitung eingegraben. Im lichten Hochwald schreiten wir über Holzerna und den Törbelbach zur Hoflüe. Danach setzen wir uns über der Schwarzi Blatte auf einen Felsblock und bewundern die prachtvolle Bergwelt. Im Nordosten wandert der Blick über den Aletschgletscher ins Goms hinauf. Das Saastal wird überragt vom Fletschhorn, vom Lagginhorn und vom Weissmies. Im Südosten ziehen sich die Hänge von Grächen über den Riedgletscher hinauf zur Bordierhütte (Route 15) und zum Nadelhorn (4327 m). Das südliche Mattertal wird vom Bergkranz um Zermatt abgeschlossen. Rechts davon strahlt das mächtige Weisshorn (4505 m).

Bald nach der Schwarzi Blatte senkt sich der Weg links zur Alpstallung auf der

Pletsche. Wir ziehen durch lichten Wald, durch Weiden und durch den felsigen Graben des Tschongbachs zum Weiler ***Schalb*** hoch über dem Dorf Embd. Die alte, fast ganzjährig bewohnte Häusergruppe mit der Kapelle thront auf einem Felshöcker. Eine Luftseilbahn verbindet Schalb mit Embd. Hinter Schalb holt der nige Felsflühe und über blumenreiche Wiesenpolster schlängelt sich der gutangelegte Pfad, auf dem sich wegen des Steilhangs Ausrutscher und Seitensprünge verbieten, zum Weiler ***Jungu***. Wer den Abstieg nach St. Niklaus vermeiden will, kann sich hier einer Luftseilbahn anvertrauen.

Die Moosalp, der höchste Punkt des Dreiecks, das von den Dörfern Zeneggen, Bürchen und Törbel gebildet wird, bietet einzigartige Ausblicke zu den Berner Alpen, ins Goms hinauf und in die Vispertäler. Als spezielle Aussichtswarte gilt der Stand, eine Anhöhe etwa 1 km östlich der Postautohaltestelle Moosalp.

Weg westwärts ins Augstbord aus. Im felsigen Treiwald steigen wir zum Embdbach auf, der die weite Augstbordalp entwässert. Der Grat trägt die gestaffelten Alphütten. Am Gegenhang folgen wir den grossen Kehren und überblicken dabei die Fassung und das erste Teilstück der uns bereits bekannten Augstbord-Wasserleitung. Geradeaus zieht ein Weg hinauf zum Augstbordpass und weiter ins Turtmanntal. Wir zweigen links ab und erreichen bei der Wolftole den zweiten Hochpunkt unserer Wanderung. Hier lässt sich der Ausblick nochmals aus einem andern Winkel geniessen.
Beim «Siegfried-Schtei» erinnert eine Gedenktafel an den Bau des Höhenwegs im Jahr 1978. Am Gegenhang scheint Grächen zum Greifen nahe. Durch steinige... Unentwegte steuern hingegen talwärts die 1762 erbaute Kapelle (Bild S. 54) an. Südlich von St. Niklaus folgen sich in der Tiefe die Dörfer Herbriggen, Randa mit dem riesigen Bergsturzkegel und Täsch. Den hintersten Talabschluss über der Ferienstadt Zermatt gestaltet ein mächtiger Gipfelkranz mit der Monte-Rosa-Gruppe und dem Breithorn. Bei der Häusergruppe unter der Kapelle von Jungu halten wir uns links.
Darunter zieht sich der breite, seit Jahrhunderten begangene Alpweg in weiten Schlaufen dem auch im Sommer mächtigen Jungbach zu. Am Gegenhang stehen wir bald über dem freien Talgrund und ziehen südwärts zum grossen Dorf ***St. Niklaus*** mit dem auffälligen Zwiebelturm.

8 Panoramaweg am Augstbord

4h20 Moosalp–Ginals–Ergisch

Ein kurzer Aufstieg an die Waldgrenze wird mit einem grossartigen Ausblick auf die Walliser Bergwelt belohnt. In leichtem Gefälle folgen am Nordhang des Augstbords weite Wälder, unterbrochen von zahlreichen Alpsiedlungen. Im letzten Abstieg von der Obermatte nach Ergisch überblicken wir das nach Westen offene Rhonetal mit dem einzigartigen Pfynwald.

Drei Postautolinien enden bei den Gasthäusern auf der ***Moosalp,*** die nordwärts ins Rhonetal und ostwärts ins Vispertal abfällt. Im Süden ragt die mächtige Mischabelgruppe empor, der Osten wird vom Fletschhorn und vom Lagginhorn (4010 m) geprägt. Wir folgen nordwestwärts durch einen kleinen Felseinschnitt dem Strässchen zu den Alphütten im Moos. Hier schwenken wir links ab und steigen gemächlich westwärts durch lichten Wald zur Wechselstation zweier Skilifte und zur Alphütte bei Pt. 2091. Weiter oben ziehen wir hoch über dem dichtbesiedelten Wiesenbecken von Bürchen durch eine reiche Alpflora zum obersten Baumbewuchs bei Unnerrat hinauf. Nach dem Graben schreiten wir an der Waldgrenze fast ebenhin durch dichten Alpenrosenbestand zum Viole Bodmen. Wir bestaunen im Norden die Gipfel der Berner Alpen, dominiert vom mächtige Bietschhorn über den tiefen Einschnitten des Balt-

ERGISCH. Bereits im 2. Jh. n.Chr. lag Ergisch mit dem Weiler Tuminen am wichtigen Verbindungsweg zwischen dem Rhonetal und den oberitalienischen Tälern. 1203 wird Ergisch in einer Verkaufsurkunde als «Comitas mons Argesse» bezeichnet. Nach der Pest, die 1349/50 einen Grossteil der Bevölkerung dahinraffte, entwickelte sich in Ergisch eine bescheidene Blüte. Im Sinn einer Bauernzunft wurden 1497 in Ergisch die ersten Gemeindestatuten schriftlich festgehalten. 1600 fiel fast das ganze Dorf einer Feuersbrunst zum Opfer. Zu Beginn unseres Jahrhunderts lebten mehr Ergischer in Nordamerika, in Australien und in den grossen Schweizer Städten als im Heimatdorf selbst. Bis zum Zusammenschluss von Turtmann und Ergisch zu einer neuen Pfarrei im Jahr 1663 war Ergisch in Leuk pfarrgenössig. 1798 entstand in Ergisch ein Rektorat, das 1860 zur selbständigen Pfarrei erhoben wurde. Dreissig Jahre später begann man mit dem Bau der Pfarrkirche, die 1964 erneuert wurde.

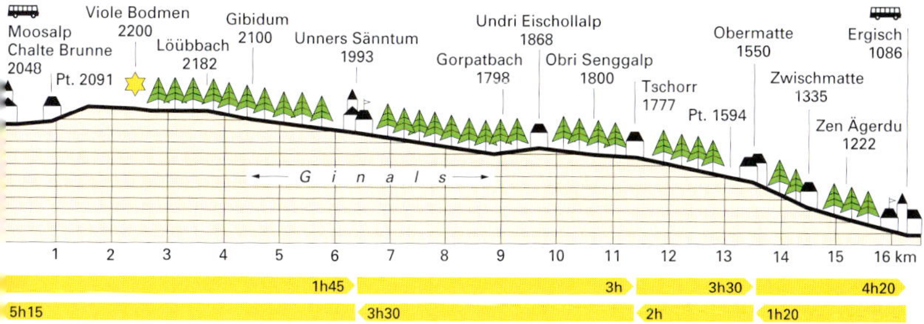

schieder- und des Bietschtals. Bescheiden ducken sich die Nachbargipfel vor der alles überragenden Pyramide. Ostwärts wandert der Blick zur Stadt Brig und hinauf ins Goms. Rechts davon – über den Graten der Moosalp, des Gebidums und der Bistine – strahlen die Simplonberge.

Auf dem Viole Bodmen senkt sich der Pfad kurz durch den Wald zu einem Unterstand, von wo wir über Brand nach Unterbäch oder nach Bürchen absteigen können. Wir aber ziehen ebenhin durch die beiden Tälchen des Löübbachs. Unterwegs fällt der Blick durch Lichtungen auf Unterbäch und auf das alte Dorf Raron mit der Burgkirche. Danach senkt sich der Weg zur einsamen Wiese im Gibidum. Ein währschafter Holzbrunnen bietet kühlen Trunk. Ein breiter, leicht fallender Forstweg bringt uns durch den Meiggerwald zu den Alpweiden des Ginals.

Gasthaus unterwegs
Restaurant Dorbia, Moosalp, 3923 Törbel
✆ 027 / 952 15 53
Restaurant Moosalp, 3923 Törbel
✆ 027 / 952 14 95
Bergrestaurant Ginals, Unners Sänntum
3944 Unterbäch
✆ 027 / 934 27 96

Den Gegenhang dominiert das Signalhorn, der Hintergrund des Tals wird vom Augstbordgrat mit dem Dreizehntenhorn abgeschlossen. Im Talgrund stossen wir auf die grosse Alpstallung ***Unners Sänntum,*** über die eine Muttergotteskapelle wacht. Skilifte, mit dem Sessellift Unterbäch–Brand zugänglich, weisen auf einen lebhaften Winterbetrieb hin.

Wir überschreiten den breiten Talweg sowie den klaren Milibach und folgen am Westhang der leicht fallenden Naturstrasse. Diese dreht sich am Ausgang des Ginalstals rechts zum Brand mit der Bergstation des Sessellifts und zum Dorf Unterbäch. Wir überqueren geradeaus den Gorpatbach und folgen links in leichtem Anstieg dem Weg, der uns zur Waldlichtung und zu den alten Bauten der Undri Eischollalp bringt. Flach und bald wieder leicht fallend führt uns der breite Forstweg bis über die Obri Senggalp, deren Ställe mit Holzschindeln gedeckt sind. Nordwärts taucht der Blick tief in

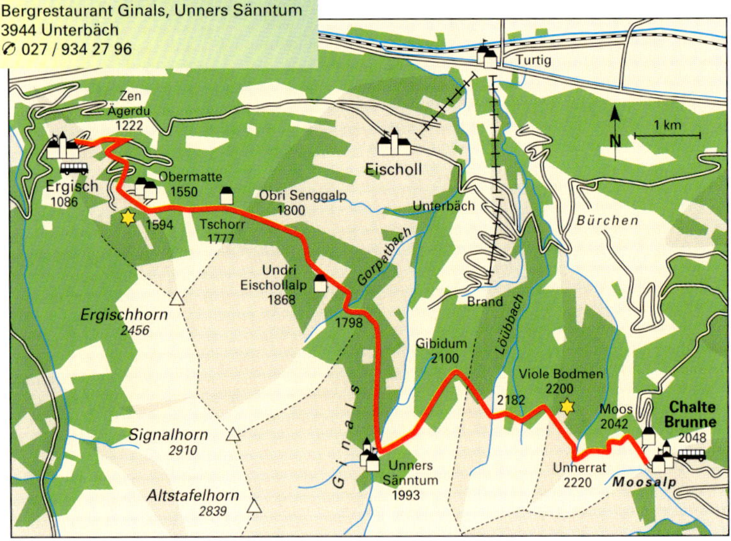

den untersten Abschnitt des Lötschentals hinein. Wir zweigen links auf einen Fussweg ab. Dieser bringt uns durch ein Tälchen zum Alpweiler ***Tschorr,*** bei dem zwei Bergseelein zum Verweilen einladen. Geradeaus senkt sich der Pfad in den Wald, bis uns ein breiter Forstweg überschauen wir die kargen Hänge und die zahlreichen Dörfer der Leukerberge. Überragt von den Gemmibergen, senkt sich im Nordwesten das Dalatal nach Leuk. Unter den leuchtenden Parabolantennen der Satellitenbodenstation beim Weiler Brentjong liegt die alte Stadt Leuk.

Der Panoramaweg an der Nordabdachung der Augstbordregion führt uns durch zahlreiche Alpsiedlungen, die durch weitläufige Wälder voneinander getrennt sind. Hier bestaunen wir die mit Holzschindeln gedeckten Ställe der Obri Senggalp. So schön die Landschaft auch ist – die Einfachheit der Siedlungen und Hütten macht deutlich, wie hart das Leben auf der Alp bei schlechter Witterung ist.

aufnimmt. Er geht im lawinenexponierten Graben des Tännbachs in eine Belagstrasse über. Über den Häusern von Pletschu, der obersten Siedlung der grossen Wiesenterrasse von Obermatte, stehen wir am Waldrand. Bei der nächsten Strassenkehre schwenken wir links auf einen Fussweg ein.

Westlich von Tännigu, im Mittelpunkt der ***Obermatte,*** der grossen Sommersiedlung von Ergisch, sind wir wieder auf der Strasse. Wer den weniger steilen, aber etwas längeren Abstieg nach Ergisch vorzieht, folgt links dem Wegweiser nach Schwarzwald–Sänntum. Der Weg zieht sich über eine weite Schlaufe nach Ergisch hinunter. Der kürzere alte Fussweg überquert westlich von Tännigu direkt die Strasse und fällt nordwärts ab. Beim Gefällsbruch geniessen wir nochmals einen weiten Ausblick. Im Norden wird das Lötschental vom Firn des Petersgrats abgeschlossen. Links Gesäumt vom Pfynwald, schlängelt sich der Rotten im freien Lauf westwärts nach Siders. Darüber gleitet der Blick zu den Sonnenhängen von Montana. Im Süden öffnet sich das Turtmanntal, überragt von der Pyramide des Brunetthorns. Rechts folgt das Illhorn; danach drohen die rötlichgrauen Felswände des Illgrabens, aus denen während Unwettern riesige Geröllmassen in die Tiefe geschwemmt werden. Der deltaförmige Schuttkegel, der den Pfynwald trägt, formt sich aus diesem Erosionsmaterial. Nordwärts sind wir bald wieder im Wald und queren mehrmals das Strässchen nach Obermatte. Bei der Waldlichtung der Zwischmatte holt der Fussweg rechts aus, bis wir bei Zen Ägerdu dem Weg über der fallenden Strasse folgen. Auf der Strasse können wir rasch rechts auf einen Fussweg abzweigen und am Schitzuhubel vorbei ins Dorf ***Ergisch*** hineinwandern.

Visp–Visperterminen–Nanztal: Routen 9–12

Bevor wir auf unseren Wanderungen nach Visperterminen aufsteigen und über den Gebidumpass ins Nanztal und weiter zum Simplon wechseln, wollen wir uns in Visp umsehen. Wer mit der Lötschbergbahn ins Wallis fährt, gewinnt bei der Ausfahrt aus dem Eggerbergtunnel einen ausgezeichneten Überblick über dieses Städtchen, das sich mit seinen grossen Industrieanlagen am Eingang der Vispertäler ausbreitet. Ursprünglich hatte der «herrliche Hauptfleck Visp» auf drei nach Westen vorspringenden Felsrippen genügend Platz gefunden. Später breitete er sich fächerartig über den hügeligen Grundmoränenschutt aus. Die Korrektionen des Rottens – wie die Rhone im Oberwallis heisst – und der Vispa gaben im späten 19. Jh. die weiten Schwemmböden zur Nutzung und Überbauung frei. Mit seinen Kriegen, Überschwemmungen, Feuersbrünsten und Erdbeben blickt Visp auf eine bewegte und oft grausame Geschichte zurück. Beim Aufstieg vom Kaufplatz zur Kirche erinnert der Blaue oder Häle Stein an die Schlacht von Visp im Jahr 1388. Im Auftrag des «Roten Grafen» Amadeus VII. von Savoyen sollte der Graf von Greyerz das Oberwallis unterwerfen; er wurde in Visp von den Oberwallisern geschlagen. Nach dem Erdbeben im Sommer 1855 wiesen alle Häuser in Visp schwere Schäden auf; die Gewölbe der Kirchen waren eingestürzt. Ein schweizerisches Hilfskommitee unter General Dufour bemühte sich um den Wiederaufbau.

Das alte Städtchen entwickelte sich seit dem Anfang dieses Jahrtausends um zwei Siedlungskerne, die beide eine Kirche umschlossen. Die St.-Martins-Kirche, damals Pfarrkirche des ganzen Bezirks oder Zendens Visp, wird erstmals 1214 in einer Urkunde erwähnt. Der westliche Teil des heutigen Gotteshauses entstand 1651; die östliche, 1955 abgeschlossene Erweiterung geht auf Pläne des Architekten Ferdinand Pfammatter zurück. Der ursprüngliche Turm, der auf vielen alten Visper Stichen zu sehen ist, war bis zum Erdbeben von 1855 mit einem 10–15 m hohen lockeren Aufbau aus Tuffstein geziert. Sehenswert sind die Glasgemälde an den hohen Chor- und Querschiff-Fenstern, die 1957 durch Paul Monnier gestaltet wurden; von ihm stammen auch die Seitenaltar-Mosaiken (1961). Die heutige Dreikönigs- oder Burgerkirche auf dem Gräfibiel, erstmals 1220 als Liebfrauenkirche erwähnt, war vermutlich erst die Kirche des Ortsadels. Zum Beten regt die

dunkle Krypta «Maria zum Härd» unter dem Hochchor an. Nach der Erneuerung 1972–1974 wurde die Kirche unter Heimatschutz gestellt. Sehenswert ist der Kern der alten Burgschaft mit engen verwinkelten Gassen. Typisch für das 16. Jh. sind grosse Bürgerhäuser mit mehrstöckigen Treppentürmen. Dazu gehören das Haus des Landeshauptmannns Sebastian Zuber am Kaufplatz sowie das Schumacherhaus am Aufstieg zur St.-Martins-Kirche. Das schlossartige Blatterhaus beim Blauen Stein ist der Familiensitz von zwei Bischöfen. Auffallend am 1699 entstandenen Burgenerhaus am St.-Martini-Platz sind die dreigeschossigen Arkaden. Prächtige Tuffsteineinfassungen sind am Crizerhaus und am Haus des Landeshauptmanns Simon In Albon im Aufstieg zum Gräfibiel zu bewundern. Im Hofji südlich der St.-Martins-Kirche steht der «Meierturm», das älteste noch bewohnte Gebäude von Visp. Es entstand im 12. Jh. und war zeitweise Sitz der Meier, der bischöflichen Verwalter. Hier herrschte die Gräfin Isabella von Biandrate, die Majorissa von Visp, bis sie 1365 zusammen mit ihrem Sohn ermordet wurde. Noch weiter südlich entstand 1352 die Pflanzetta als Suste, als Unterkunft für Handelsreisende. Im Hof der Suste wurde ein Sodbrunnen etwa 30 m bis auf die Höhe der Talsohle abgetieft.

Die wechselvolle Geschichte von Visp hängt eng mit dem Verkehr über die Alpenpässe nach Italien zusammen. Im 13. Jh. wurden die Übergänge über den Antrona-, den Monte-Moro- und den Theodulpass mit den Nachbarn aus den norditalienischen Tälern vertraglich abgesichert und von Zollabgaben befreit. So entwickelte sich Visp zu einem wichtigen Handels- und Umschlagplatz, dem der Bischof von Sitten als weltlicher Landesfürst das Stadt- und Marktrecht zusprach. 1876 erreichte die Suisse Occidentale-Simplon-Bahn Visp. Die Reisenden nach Zermatt stiegen in Visp aus und reisten am folgenden Tag nach Zermatt weiter. Die Visper wurden Hoteliers, Kutscher und Sänftenträger, doch fand bereits 1891 mit der Eröffnung der Zermatt-Bahn BVZ der Aufschwung ein jähes Ende. Erst 20 Jahre später brachte die Ansiedlung der Lonza, einer grossen chemischen Industrieanlage, die heute nahezu 3000 Mitarbeiter beschäftigt, neues Leben nach Visp.

Heute ist Visp, das «Städtchen mit der freundlichen Note», ein belebtes Regionalzentrum mit etwa 6500 Einwohnern. Gewerbe und Industrie vermögen zusammen mit der umfassenden Infrastruktur etwa 6000 Arbeitsplätze anzubieten. Visp ist mit seinen zahlreichen Bahn- und Postautoverbindungen und seinen Gaststätten ein beliebter Ausgangspunkt für Ausflüge ins Wallis und speziell in die Vispertäler. Abwechslung spezieller Qualität bietet seit dem Herbst 1991 das Kultur- und Kongresszentrum «La Poste».

Bild: Markttreiben auf dem Kaufplatz in Visp.

9 Von den Heidenreben zum Bischofsweg

5h30 Visp–Hotee–Visperterminen–Stalden

Der regelmässige Waldaufstieg oberhalb Visp leitet uns über den bekannten Heidenreben zum grossartigen Ausblick im Hotee. Hier folgt der beliebte Spazierweg zum Dorf Visperterminen. Auf dem Bischofsweg nach Staldenried queren wir den tiefeingeschnittenen Graben des Beiterbachs. Der abschliessende Weg führt uns durch die Vispa-Schlucht ins Brückendorf Stalden.

Vom Bahnhof ***Visp*** wandern wir auf der Bahnhofstrasse südwärts. Am Kaufplatz, am Blauen Stein und am St. Martini-Platz vorbei erreichen wir geradeaus den Friedhof und die Pflanzetta, ursprünglich eine Suste aus dem Jahr 1352. Vor diesem imposanten Bau drehen wir uns dem Osten zu und stossen nach dem Regionalspital St. Maria auf die erste Kehre der Strasse nach Visperterminen. Ein bescheidener Pfad leitet uns hier zwischen Neubauten hindurch zum Waldrand. Im weiteren Aufstieg auf einem Forstweg überschreiten wir die Visperi,

Die Heidenreben von Visperterminen zählen zu den höchstgelegenen Rebbergen Europas. An der sonnenexponierten und windgeschützten Flanke des Bächjigrabens gedeiht ein spezieller Tropfen, der «Heida». Zur Bestockung des Hanges mussten die Bauern den Boden mit unzähligen Trockenmäuerchen treppenartig stützen. Das Wasser zum Berieseln des trockenen Bodens wurde früher in offenen Gräben zugeleitet; die Ernte musste auf dem Rücken in den Weinkeller getragen werden. Heute durchziehen befahrbare Flursträsschen den Hang, und das Wasser wird über ein verzweigtes Röhrensystem zugeleitet. Auf halber Höhe zieht der alte Saumweg nach Visperterminen durch den Rebhang. Auf diesem als Reblehrpfad bezeichneten Weg ist der Weinbau mit seiner lokalen Vielfalt ausführlich beschrieben. Noch heute ist jeder «Terbiner», wie sich die Bewohner von Visperterminen selbst nennen, stolz auf seinen eigenen Wein. Viele Terbiner haben den Weinkeller zu einem kleinen Museum ausgeschmückt; mancherorts ist noch ein alter «Triel» (Traubenpresse, Kelter) zu bewundern. In einem Terbiner Keller mit gutgelagertem Heida-Käse und Roggenbrot ein Glas Heida-Wein zu kosten ist ein auserlesener Genuss. 1981 schlossen sich die Terbiner Weinbauern genossenschaftlich zur St.-Jodern-Kellerei im Weiler Unterstalden zusammen. Die Kellerei weist ein Fassungsvermögen von 360 000 l auf.

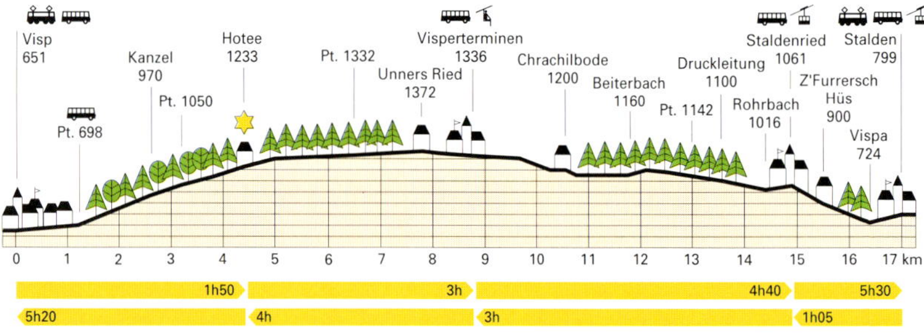

eine Suon aus der Gamsa. Geradeaus gelangen wir zu einem Forstgarten mit einer Hütte. Darüber zweigt ein bescheidener Weg links ab und bringt uns in vielen Windungen zu einem Felskopf, der Kanzel. Wir geniessen den Ausblick über Visp, über das nach Westen offene Rhonetal und zum Eingang der beiden grossen Vispertäler. Im weiteren Aufstieg blicken wir bei der nächsten Wegkehre (Pt. 1050) über den Grat hinaus zu den Heidenreben von Visperterminen.

Nach dem Ausblick über die Rebberge ziehen wir nordwärts durch den Telwald hinauf. Nach zwei Kehren treten wir im ***Hotee*** zu den Gebäuden auf der Waldlichtung hinaus. Zwischen den Gipfeln der Mischabelgruppe und dem Weisshorn öffnet sich im Süden das Mattertal. Im Südwesten sonnt sich Zeneggen unter der Moosalp und dem Augstbordhorn. Das graue Band des Rottens zieht sich westwärts durch den Talgrund.

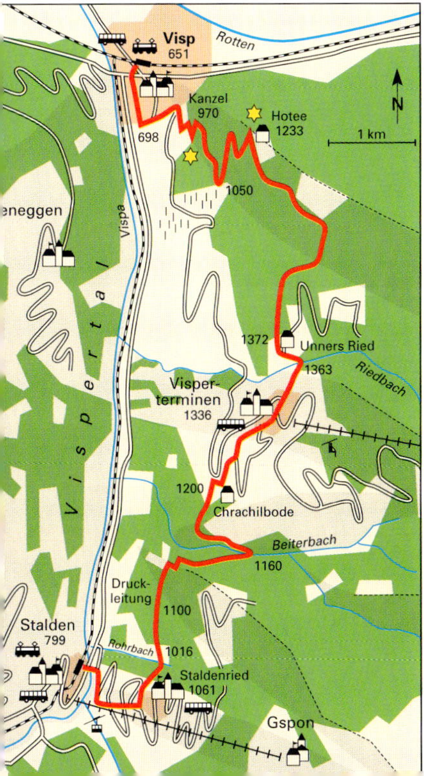

Im Norden wird das tiefeingeschnittene Baltschiedertal von der Pyramide des Bietschhorns überragt. Ostwärts, links der grossen Stadtgemeinde Brig-Glis und der Simplonberge, öffnet sich das langgezogene Goms. Die Kirche von Ernen ist deutlich zu erkennen. Nach den Häusern im Hotee zieht sich der Weg ebenhin dem Süden zu. Bald nach dem Waldrand steigen wir links auf und durchschreiten ebenhin eine Lichtung. Nach dem nächsten kurzen Aufstieg erwartet uns eine Suon.

Die Heidenreben von Visperterminen an der sonnenexponierten Flanke des Bächjigrabens.

Sie führt uns südostwärts auf einem gemütlichen Waldweg zur weiten Mulde des Bächjigrabens. Im Patiljott, vor dem Bachlauf, treffen wir auf einen breiten Forstweg. Unser Weg zweigt sofort wieder rechts zur Lichtung Undra ab. Nach dem nächsten Waldaustritt erhaschen wir im Süden die Spitze des Matterhorns. Bei den Häusern von Unners Ried nimmt uns ein Fahrsträsschen auf. Dieses leitet uns, zuerst in leichtem Gefälle nach Osten ausholend, über den Riedbach an den Gegenhang zum grossen Dorf ***Visperterminen.*** Bei der Kehre der Dorfstrasse wählen wir den bergwärts steigenden Ast. Beim Bildjiplatz (Konsumgenossenschaft) schwenken wir rechts auf den Weg «Undriteifi» ein. Er bringt uns durch Dorfgassen – über der Kirche durch –

zum Ferienhaus «Tärbinu», wo wir zweimal rechts den südwärts fallenden Bischofsweg wählen. Diesen soll früher der Bischof von Sitten bei der Visiztaz (Bischofsbesuch) der Dörfer Visperterminen und Staldenried eingeschlagen haben. Als bescheidener Pfad bringt er uns durch Äcker, Wiesen und Jungwald zu einem Flurweg in den Eschilachra.

Wie in Euseigne südöstlich von Sion lassen sich am Ausgang des Rohrbachgrabens unterhalb von Staldenried graue Erdpyramiden beobachten. Während in der unmittelbaren Umgebung alles erodiert ist, haben Steinplatten verhindert, dass das darunterliegende feinere Gestein abgetragen wurde.

Wir verlassen ihn am untern Ausgang der Kehre wieder südwärts. Dabei bietet sich ein guter Ausblick über das Dorf Stalden und das Mattertal. Am westlichen Gegenhang breiten sich die Rebberge von Zeneggen aus. Links an der Wende der Strasse Visp–Visperterminen vorbei senkt sich der Pfad zu den Ställen im Chrachilbode. Wir wandern nun ebenhin südwärts und benutzen beim letzten Stall die Abzweigung rechts. Kurz danach stehen wir bei einem Wegkreuz auf einem einsamen Felskopf und überschauen im Norden die sonnigen Halden am Lötschberg. Weit nach Osten ausholend, führt uns ein Bummel durch lichten Wald ins wilde Tobel des Beiterbachs. Nach dem Holzbrücklein werden wir von einem kurzen Zwischenanstieg gefordert.

Am Ausgang des Tobels, bei Pt. 1181, könnten wir auf dem oberen Pfad nach Staldenried/Zer Tanna weiterwandern. Wir wählen jedoch den unteren Ast, von dem bei Pt. 1142 rechts ein Fussweg abzweigt, der an der Kapelle auf der Chastolegga vorbei nach Neubrück im Talgrund führt. Unser Weg bringt uns sicher durch felsige Steilhänge. Dabei fallen die grossen Kraftwerkanlagen von Ackersand auf. Unterwegs unterqueren wir die Druckleitung des Kraftwerks Ackersand 1, die bis 4500 Liter Wasser pro Sekunde aus dem Saastal auf die Turbinen leitet. Im Graben des Rohrbachs beginnt ein kurzer Anstieg zum Kirchweiler von ***Staldenried.***

Für den Abstieg nach Stalden haben wir die Wahl zwischen mehreren Wegen. Beschrieben ist hier der Weg, der zuerst oberhalb der Kirche durchführt und danach zur Luftseilbahn-Station und zur Postauto-Haltestelle abfällt. Direkt talwärts finden wir den Einstieg in den Fussweg zwischen Häusern, Wiesen und kleinen Rebparzellen hindurch. Auf gleicher Höhe wie die obersten Häuser von Stalden folgen wir der Fahrstrasse nordwärts zum Wegweiser «Bäzia». Rechts des abzweigenden Strässchens finden wir sofort den Fussweg, der uns im Zickzack in die tiefeingeschnittene Schlucht und auf einem Steg über die Vispa bringt. Im Norden überspannt die Michaelsbrücke in einem kühnen Bogen das Tal. Am Gegenhang steigen wir über Treppenstufen, die aus dem Fels gehauen sind, auf die Höhe der Talstrasse und überschreiten diese geradeaus. Nach dem Zahnradgleis der Zermatt-Bahn BVZ finden wir am Berghang den Planetenweg (Route 6). Knapp nach dem Pluto, der letzten Station des Planetenwegs, sind wir bei der Kirche und im Dorf ***Stalden.***

10 Grosse Passwanderung zum Simplon

6h30 Visperterminen–Gebidumpass–Bistinepass–Simplon Hospiz

Der grosse Weg über die Pässe birgt nicht nur landschaftliche Reize. Unterwegs bestaunen wir kulturelle Werte und sinnen eigenartigem Brauchtum nach. So verbirgt sich im abgeschlossenen Kessel des Nanztals, eingekeilt zwischen dem Simplon und den Vispertälern, eine eigenartige Welt, die heute noch von den Bergbauern von Visperterminen betreut wird.

Von der Poststation ***Visperterminen*** wandern wir kurz auf der nordostwärts ansteigenden Strasse und zweigen rechts auf den bekannten Kapellenweg ab. In 10 Stationskapellen vom Beginn des 18. Jh. zeigen lebensgrosse Figuren die Geheimnisse des Rosenkranzes bis zur Kreuzigung Christi. Die letzte Station führt uns zur grossen Waldkapelle, einem beliebten Wallfahrtsziel der Oberwalliser. Neben sehenswerten barocken Altären enthält das Gotteshaus die 1619 gestiftete älteste Orgel des Oberwallis mit zwei bemalten Flügeln. Die Orgel stand ursprünglich in der Kirche von Visp. Oberhalb der Waldkapelle holt unser Weg zuerst weit nach rechts aus. Er verläuft danach wieder nach links zum Sessellift. In dessen Nähe steigen wir durch den Bawald, an der Josefskapelle (Pt. 1800) vorbei, zum ***Giw*** hinauf. Hier finden wir neben der Bergstation des Sessellifts ein grosses Berggasthaus. Die massige Mischabelgruppe und das

VISPERTERMINEN. Die grosse Gemeinde Visperterminen am fruchtbaren Berghang südöstlich von Visp ist reich an Weinbergen, Wies- und Ackerland sowie an Wäldern. Seit dem Mittelalter bestehen neben dem Hauptdorf eine Reihe von ansehnlichen Weilern, zwischen denen die Bewohner bis zum Beginn des 20. Jh. in einem festen Jahresrhythmus ihren Wohnsitz wechselten, um ohne allzulange Anmarschwege die Felder pflegen und den Ertrag nutzen zu können. Sogar die Schule mit dem Lehrer musste mitziehen. Im frühen Mittelalter gehörte der obere Terbinerberg zur Pfarrei Naters; zu Beginn des 13. Jh. kam er durch Tausch gegen Eggerberg an Visp. Bereits 1256 gab es eine Kirche und einen Friedhof im Dorf, die von Visp aus betreut wurden. 1713 wurde Visperterminen eine eigene Pfarrei, musste aber noch bis 1795 dem Pfarrer von Visp Abgaben entrichten. Die vier Punkte im Gemeindewappen erinnern an die vier ursprünglichen Gemeinden Terminen, Niederhäusern, die Stahlengemeinden und Barmühle (Parmili), die sich 1715 zu einer Gemeinde zusammenschlossen.

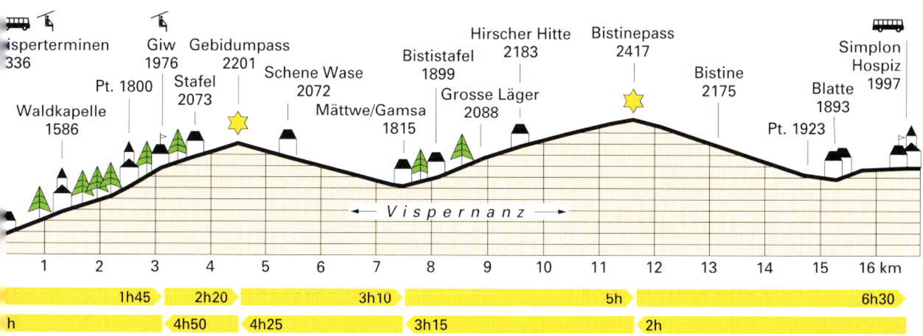

Weisshorn prägen den Ausblick im Süden. Dem Verlauf des Mattertals folgt unser Auge zu den Bergen der Augstbordregion mit der Moosalp. Über dem weit nach Westen offenen Rhonetal grüssen die Bergspitzen und tiefeingeschnittenen Täler der Berner Alpen.

Unter dem Stafel verlassen wir den Wald. Ein kurzer Anstieg bringt uns zur Höhe des ***Gebidumpasses;*** der Übergang ist mit einem Bergkreuz bezeichnet. Wir verabschieden uns von den Vispertälern. Links hinter einer Kuppe versteckt sich der Gebidumsee in weitläufigen Schafweiden. Auf der Passhöhe überschreiten wir die «Heido», eine Suon, die seit 1000 Jahren das Wasser der Gamsa auf die ausgetrockneten Hänge leitet (Route 12). Nach der Passhöhe öffnet sich vor uns das weitläufige Nanztal, das im Süden vom Fletschhorn abgeschlossen wird. Wir folgen dem südostwärts fallenden Weg durch die Alp Schene Wase in den Talgrund. Das grosse Alpgebiet nennt sich Vispernanz. Hier bestanden der Sage nach mehrere Gemeinden, die eine eigene Pfarrei bildeten. Auch der «Heida», der Wein von Visperterminen, soll ursprünglich im Nanztal gewachsen sein. Historisch nachgewiesen ist, dass 3000 Lombarden über den Simplon zogen, um Karl den Kühnen von Burgund in Murten gegen die Eidgenossen zu unterstützen. Ein Teil davon wollte durch das Nanztal vordringen und wurde hier von den Vispern aufgerieben. Im Talgrund stossen wir auf einen breiten Weg, der im Zweiten Weltkrieg ausgebaut wurde. Er bringt uns in gleichmässigem Abstieg in 3h30 nach Brig, wobei wir nach einer Stunde auf den in Route 11 beschriebenen Weg stossen.

Gasthaus unterwegs
Bergrestaurant Giw, 3932 Visperterminen
✆ 027 / 946 36 48
Hospiz, Simplonpass, 3907 Simplon
✆ 027 / 979 13 22
Hotel Bellevue, Simplon-Kulm, 3907 Simplon
✆ 027 / 979 13 31
Hotel Monte Leone, Simplonpass, 3907 Simplon
✆ 027 / 979 12 58
Hotel Simplonblick, Simplonpass, 3907 Simplon
✆ 027 / 979 11 13

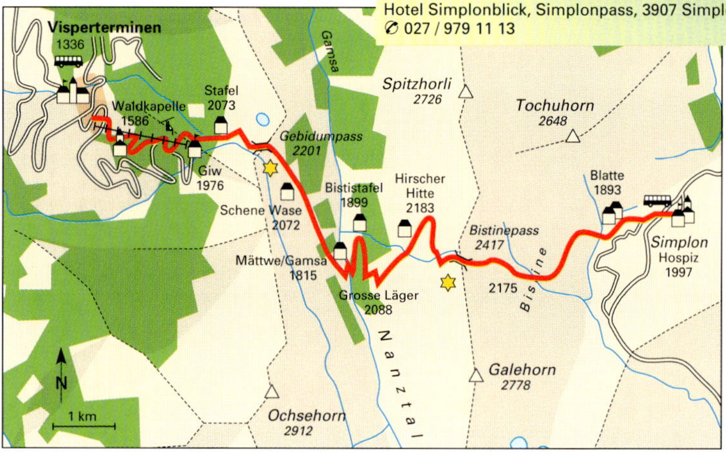

Für die Wanderung zum Simplon zweigen wir nach kurzem Weg vor den Häusern von ***Mättwe*** rechts ab und überschreiten auf einer guten Brücke die tosende ***Gamsa.*** In weiten Schlaufen zieht sich der Bergweg, an den Alpsiedlungen Bististafel, Grosse Läger und Hirscher Hitte vorbei, dem ***Bistinepass*** zu. Nach einem kleinen Bergsee markiert ein Steinmannli die Passhöhe, die Wasserscheide zwischen Po und Rhone. Zwischen dem Magehorn und dem Straffelgrat (Straffel = Heuschrecke) bietet sich eine grossartige Aussicht. Im Norden ragen hinter dem Spitzhorli die Berner Alpen auf; das Bietschhorn bildet den Blickfang. Im Osten dehnen sich die Firnfelder des Chaltwassergletschers. Sie werden vom Grenzberg zwischen der Schweiz und Italien, dem Monte Leone, beherrscht. Im Süden erheben sich die gewaltigen Eisgipfel des Fletschhorns.

Hinter der Passhöhe führt uns der Weg in sanftem Gefälle durch die blumenreichen Triften der Bistine. Vor uns öffnet sich das weite Simplonbecken. In der Tiefe breitet sich die Bergalp aus. Sie wird durchzogen von der Simplonstrasse, dem Bindeglied zwischen Nord und Süd. Einen auffälligen Merkpunkt in der Nähe der Strasse bildet der Alte Spittel. Dieses 1235 von den Johannitern gegründete Kloster liess Kaspar Jodok von Stockalper 1666 als Sommersitz und als Raststätte für die Ballenführer (Säumer) ausbauen. Das mächtige Hospiz dominiert den weitgespannten Sattel des Simplonpasses. Über den Häusern von Sicke und Bielti hindurch erreichen wir beim Weiler Blatte den Grund der Bergalp. Ein letzter kurzer Aufstieg in nordöstlicher Richtung bringt uns zur Simplonstrasse und weiter zur Postauto-Haltestelle beim ***Simplon Hospiz.***

Die alte, mit Steinplattendächern geschützte Häusergruppe von Visperterminen schart sich um die geräumige moderne Dorfkirche. Von der alten Kirche blieb der Turm aus dem 13. Jh. erhalten.

11 Grossartige Ausblicke übers Rhonetal

5h Visperterminen–Hüeterhüsi–Nanztal–Brig

Die Wanderung führt uns im gegenläufigen Sinn auf den Weg, den einst das Wasser der Gamsa nahm, das für die Bewässerung der Fluren von Visperterminen abgeleitet wurde. Am Eingang ins Nanztal können wir noch waghalsig angelegte Wasserfuhren bestaunen. Östlich der Gamsa leitet uns der breite Waldweg aus dem Nanztal hinunter nach Brig.

Bei der Poststation ***Visperterminen*** folgen wir der nordostwärts steigenden Strasse bis zur Kehre. Hier halten wir uns geradeaus an den A-Stalu-Weg. Er bringt uns auf einer alten Pflasterung an den Waldrand über dem Riedbach. Im Süden blendet die Pyramide des Weisshorns, links davon lugt im Taleinschnitt die oberste Kuppe des Matterhorns hervor. Wir tauchen ostwärts in den Wald ein und wählen dort links den flachen Weg. Nach dem Riedbach folgt ein kurzer Aufstieg zur Beschi Bodma, dann bummeln wir durch Wald und über Blumenwiesen zum weitverstreuten Sommerweiler Bodma. Von der alten Häuser-

BRIG am Fuss des Simplons, die grösste städtische Siedlung des Oberwallis mit den beiden Gemeinden Brig-Glis und Naters, zählt heute über 20 000 Einwohner. Brig, dessen Name von «Brücke» hergeleitet ist, wird 1215 erstmals in einer Urkunde erwähnt. Erst im 17. Jh. trat das historisch wichtige Naters am Nordufer des Rottens seine bedeutende Stellung im Oberwallis an Brig ab. Damals erbaute Kaspar Jodok von Stockalper, der Fugger der Alpen, nicht nur das einzigartige Stockalperschloss mit den mächtigen Türmen. Gleichzeitig eröffnete er mit dem Ausbau einer gesicherten Strasse über den Simplon einen wichtigen Handelsweg zwischen Lyon und Mailand. Mit Stockalpers Unterstützung entstanden auf der Anhöhe über Brig das Kollegium Spiritus Sanctus und das Kloster der Ursulinen. Die Schulen dieser Institute erlebten in den letzten Jahren eine rasche Entwicklung und mussten grosszügig erweitert werden. Seit dem ausgehenden 19. Jh. hat sich Brig zu einem bedeutenden internationalen Bahnknotenpunkt entwickelt. Nach nahezu 10 harten Baujahren konnte 1906 der Verkehr durch die erste Röhre des knapp 20 km langen Simplontunnels eröffnet werden, 1921 folgte der Paralleltunnel. Heute verkehren die Bundesbahn SBB von Lausanne über Brig nach Italien, die Lötschbergbahn BLS nach Bern, die Zermatt-Bahn BVZ an den Fuss des Matterhorns und die Furka-Oberalp-Bahn FO über das oberste Urnerland nach dem bündnerischen Disentis.

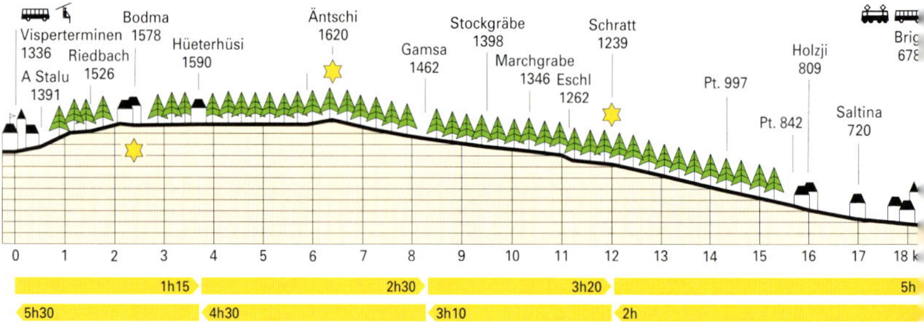

gruppe aus schreiten wir auf einem Strässchen nordwärts dem Waldrand zu. Dabei bewundern wir das vor uns frei stehende Bietschhorn. Im Westen schweift der Blick zum Dorf Zeneggen, über Wälder hinauf zur Moosalp und zum Augstbordhorn. Den Süden dominiert die mächtige Mischabelgruppe. Ebenhin leitet uns ein breiter Waldweg, bis er sich abzusenken beginnt. Hier schwenken wir rechts auf einen bescheideneren Pfad ein und stehen plötzlich hoch über dem Rhonetal bis weit hinauf ins Goms offen. Nun zieht sich der Pfad durch steile Flühe ostwärts. Ein mit festen Geländern gesicherter Weg folgt den Felswänden, wo an exponierten Stellen Handläufe fixiert sind. Hier werden wir uns der Probleme bewusst, welche Bau und Unterhalt einer Suon einst boten. Bald haben wir die kritischen Stellen hinter uns; der Pfad senkt sich kurz steil ab. Jetzt beginnt ein einmaliger Spaziergang durch den Hochwald.

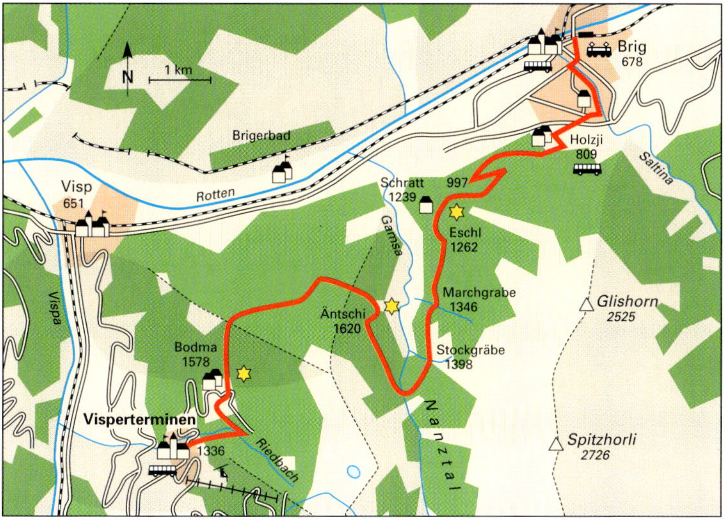

netal. Bald erkennen wir die Spuren einer Suon, die früher das Wasser der Gamsa aus dem Nanztal auf die Fluren von Visperterminen leitete. Die stellenweise exponierte Wasserfuhre wurde 1916 durch einen 2,65 km langen Stollen ersetzt, der unter dem Gebidum durchführt. Das Wasser aus dem Nanztal kommt zwar nicht mehr hierher, doch ist der ehemalige Begleitweg heute noch in gutem Zustand. Schon nach wenigen Schritten stehen wir vor dem ***Hüeterhüsi,*** einem bescheidenen Unterstand für den damaligen Hüter oder Wärter der Wasserleitung. Vor uns ist das Rhonetal

Bei Pt. 1590, am Eingang ins Nanztal, zweigt links ein Weg über Tannbiel und Rohrberg in den Grund des Rhonetals ab. Wir folgen südostwärts in leichtem Anstieg dem Pfad zur Waldlichtung im Äntschi. Hier bietet sich ein tiefer Einblick ins Nanztal, dessen Abschluss vom Fletschhorn (3993 m) überragt wird. Den östlichen Gegenhang dominiert das gezackte Glishorn.
Rechts könnten wir zur Wyssi Flüe aufsteigen, wo sich die Wege zurück nach Visperterminen und hinauf aufs Gebidum trennen. Wir folgen am unteren Rand der Lichtung dem Pfad, der süd-

Die letzte Wegstrecke längs der Saltina bei Brig ist geprägt vom mächtigen Stockalperschloss aus dem 17. Jh. Speziell beeindrucken die drei Türme, die den dreigeschossigen Arkadenhof begrenzen und die nach den Heiligen Drei Königen benannt sind (Kaspar, Melchior, Balthasar).

wärts gegen das Nanztal fällt. Über steilen Abhängen nähern wir uns auf sicherem Weg durch den Äntschigrabe und den Lindwald der rauschenden Gamsa. Vor einem riesigen Schutthang, dem Abbruch aus der Wyssi Rischi, senkt sich der Pfad der ***Gamsa*** zu. Dieser Talabschnitt wird im Winter von einer Lawine durchfegt, die auch den Steg über das wilde Wasser mitreissen kann.

Am Gegenhang finden wir rasch den während des Zweiten Weltkriegs ausgebauten Talweg. Er ist heute von Brig her nur noch bis zum Eschl befahrbar. Wir folgen dem Weg nordwärts über Stockgräbe, Marchgrabe und Eschl zum ***Schratt.*** Dabei staunen wir über eine Suon, die am Gegenhang das Wasser der Gamsa durch vertikale Felswände zur Steinegga und zum Rohrberg leitet. Im Schratt stehen wir wieder über dem breiten Rhonetal. An seinem Nordhang öffnet sich das Gredetschtal, überspannt von beeindruckenden Bahn- und Strassenbrücken. Darüber sonnen sich die Dörfer Mund – bekannt wegen seiner Safrankultur – und Birgisch. Unser Weg dreht sich ostwärts. Über eine weite Schlaufe erreichen wir im Holzji die erste Siedlung im Talgrund. Im Kern des Weilers folgen wir der Strasse rechts und gewinnen im Abstieg einen Überblick über die städtische Überbauung von Brig-Glis und Naters. Nach der Unterquerung der Autobahn A9, die über den Simplon führt, können wir bei der nächsten Strassenabzweigung geradeaus auf einem Fussweg zur Saltina absteigen, dem Zufluss des Rottens, der die Berggewässer des Simplons sammelt. Der Dammweg bringt uns nordwärts ins Zentrum von ***Brig.***

12 Entlang der Heido-Suon durchs Nanztal

6h30 Gspon–Gebidumpass–Sirwoltesattel–Engiloch (Simplon)

Diese einzigartige Höhenwanderung leitet uns zuerst durch die Alpgebiete von Visperterminen. Auf dem Gebidumpass treffen wir auf die tausendjährige Heido, eine Suon, der wir über der Waldgrenze ins innerste Nanztal folgen. Den Ausstieg aus dem Talkessel finden wir über den Sirwoltesattel. Tief unter dem Sirwoltesee treffen wir auf die Simplonstrasse.

Gspon, das sonnige Sommerdörfchen im Südosten über der Gabelung der Vispertäler, ist von Stalden über Staldenried mit einer Luftseilbahn erschlossen. Bei der Seilbahnstation im Gspon wenden wir uns nordwärts zum Restaurant Mosji. Rechts beginnt der Aufstieg an alten Walliser Häusern vorbei zum Waldrand. Un-

DIE SIMPLONSTRASSE. Bereits vor 1800 Jahren bauten die Römer den Weg über den nur 2005 m hohen Simplonpass zu einer einfachen Militär- und Handelsstrasse aus. 5 Wachttürme sicherten den Verkehr zwischen Brig und Domodossola. Wegen der engen und gefährlichen Passage durch die Gondoschlucht blieb der Verkehr während Jahrhunderten bescheiden, obwohl die Johanniter 1235 beim Alten Spittel ein Hospiz gründeten. Einen neuen Anlauf nahm Kaspar Jodok von Stockalper im 17. Jh. Er verbesserte den Durchgang zu einem guten Säumerweg, auf dem sich rasch ein reger Handelsverkehr entwickelte. Zur Sicherung baute er 1666 das Hospiz beim Alten Spittel zu einem Sommersitz und einer Raststätte für die Ballenführer (Säumer) aus. Der Bau einer Fahrstrasse über den Simplon blieb Napoleon Bonaparte vorbehalten. Auf seinen Befehl standen 5000 Arbeiter in den Jahren 1801–1805 für den Bau einer 8 m breiten Strasse im Einsatz «pour faire passer le canon». Das Hospiz auf der Passhöhe sollte auf Befehl Napoleons gleichzeitig mit der Strasse entstehen. Der Grundstein des mächtigen Gebäudes wurde aber erst 1813 gelegt; der Bau dauerte bis 1831. Bereits damals übernahmen die Chorherren vom Grossen St. Bernhard die Führung des Hauses. Im Rahmen des Nationalstrassenbaus wurde die Simplonstrasse in der zweiten Hälfte unserers Jahrhunderts mit Brücken, Tunnels und Lawinengalerien grosszügig ausgebaut, um die Verbindung nach dem Süden ganzjährig offenzuhalten. Weitgespannte Brücken überqueren daher den Chrummbach bei Simplon Dorf und den Ganterbach auf der Nordseite des Passes.

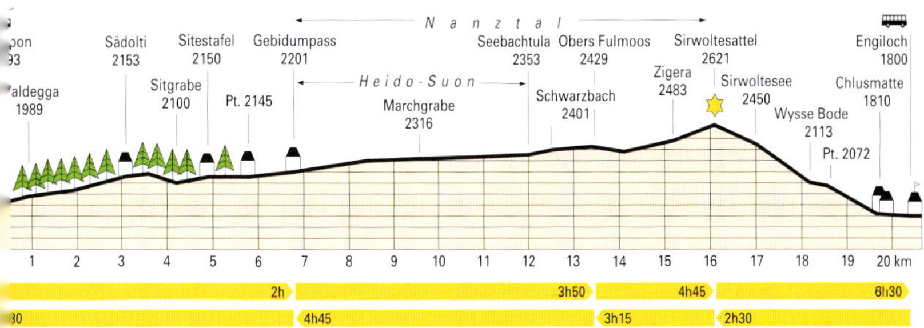

terwegs bietet sich ein erster Rundblick über die eindrückliche Bergwelt. Im Süden wird das innere Mattertal vom Weisshorn beherrscht. Im Norden überragt das Bietschhorn die Nachbargipfel der Berner Alpen.
Ein Waldweg leitet uns zur Krete über der Waldegga. Hier zieht sich der gut markierte Weg südwärts über einige Schlaufen in den Wald hinauf. Danach können wir links auf einem flachen Weg durch den Ausläufer des Obern Riedjiwaldes wandern. Im Graben beginnt ein kurzer Aufstieg zur Waldgrenze und zum Sädolti, einer einsamen Alpweide. Wir blicken zu den Dörfern Visperterminen und Zeneggen, dazwischen erscheint Visp im tiefen Taleinschnitt. Ein kurzer Abstieg bringt uns zum Sitgrabe; am Gegenhang gewinnen wir im Sitestafel wieder die Höhe der Waldgrenze. Durch den obersten Baumbewuchs und durch Weiden zieht sich unser Pfad flach nordwärts über Bord zum ***Gebidumpass.*** Links von uns erklimmt der breite Alpweg von Visperterminen unsere Höhe; er senkt sich nach dem Passübergang zu den Alpweiden des Nanztals (Route 10). Hinter einer Kuppe versteckt sich der verträumte Gebidumsee. Wir verabschieden uns von den Vispertälern mit der massigen Mischabelgruppe. Auf der Passhöhe stossen wir auf eine Suon, die «Heido», die seit mehr als 1000 Jahren das Wässerwasser aus dem Nanztal auf die höher gelegenen Wiesen von Visperterminen leitet. An einer Hütte vorbei folgen wir ihr in leichtem Anstieg, bis sich das Nanztal voll vor uns öffnet. Im Hintergrund des Tals zieht sich der Gamsagletscher von der Senggchuppa und vom Fletschhorn (3993 m) in die Tiefe. Wir werden später das Tal knapp unter dem Gletscher queren und durch den linken Einschnitt verlassen. Neben dem plaudernden Geplätscher des Wassers erquickt uns die farbenprächtge Blumenwelt. In den Alpweiden des Talgrunds entsteht der bekannte «Heida» von Visperterminen, ein vorzüglich schmeckender Käse. Am Gegenhang öffnet sich der Bistinepass, der direkte Übergang zum Simplonpass.

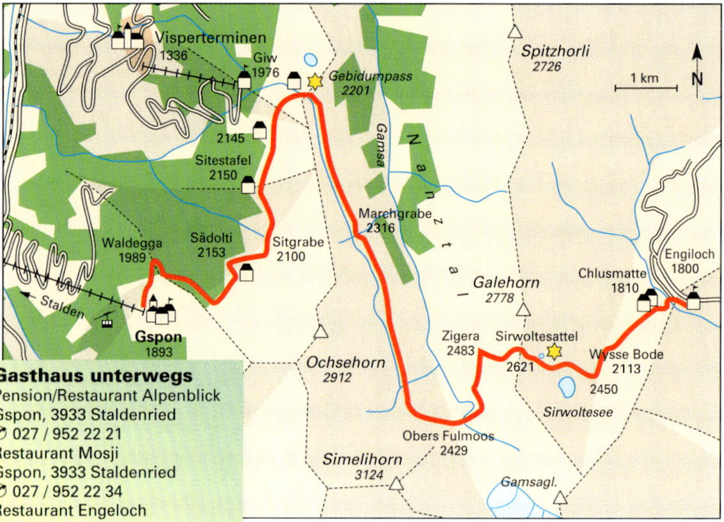

Gasthaus unterwegs
Pension/Restaurant Alpenblick
Gspon, 3933 Staldenried
✆ 027 / 952 22 21
Restaurant Mosji
Gspon, 3933 Staldenried
✆ 027 / 952 22 34
Restaurant Engeloch
3907 Simplon
✆ 027 / 979 12 16

Über Glattwasma, Marchgrabe, Ochseläger, Morgewang und Holiecht folgen wir unserer Suon taleinwärts bis zur Seebachtula. Einige exponierte Felspassagen sind mit soliden Handläufen gesichert. Unter uns springt die Gamsa, der Bach des Nanztals, über hohe Felsstufen. Darüber weitet sich die Alp Unners Fulmoos mit einer grossen Stallung. Nach der Seebachtula ist die Suon nur noch schlecht unterhalten. Der Pfad zieht sich durch einige Felsbänder in die Höhe. Kleine Wasserläufe wie den Schwarzbach können wir leicht mit einem Sprung überwinden. Bald stehen wir am Rand von ***Obers Fulmoos,*** das wir ebenhin durchqueren. In Weidmulden laden kleine, von Moränenhügeln überragte Weiher zur Rast. Links des Gamsagletschers erhebt sich das Rauthorn – auch Böshorn genannt – über den Talkessel. Östlich der Weiher führt ein Steg über die Gamsa, die sich talwärts in eine Schlucht einfrisst. Unter Schutthängen und Felshöckern zieht sich unser Pfad rechts über der Schlucht kurz in die Tiefe. Hoch über dem Plateau von Unners Moos verflacht er sich und steigt wieder an. In der Zigera führt uns ein breiter Passweg in die Gegenrichtung. Hier verabschieden wir uns von den Berner Alpen und vom Nanztal, dessen Gegenhang von der langgezogenen «Heido» durchzogen wird. Ein letzter Aufstieg führt uns zum ***Sirwoltesattel*** zwischen dem Galehorn und dem Simpeler Weizstadel; wir stehen an der Wasserscheide zwischen Rhone und Po.

Direkt nach dem Passübergang erfreuen wir uns an kleinen Bergseen. Unser Weg folgt dem linken Berghang. Beim Abstieg leuchtet uns der tiefblaue Sirwoltesee entgegen. Der ehemalige hintere See entleerte sich während des Hochwassers im Herbst 1993. Unser Pfad zieht sich links des Sees in die Tiefe. Im Nordosten öffnet sich das Simplonbecken mit seinen Weiden und wuchtigen Bauwerken. Im Wysse Bode werfen wir einen Blick zurück auf die steilen Felswände, über die sich die Abflüsse des Sirwoltesees ergiessen. Geradeaus, am Pt. 2072 vorbei, bringt uns der Pfad zur Chlusmatte im Grund des Tälchens. Die Häuser des Weilers sind, südlicher Bauart entsprechend, in Mauerwerk erstellt und mit Steinplatten gedeckt. Auf einem kurzen Belagsträsschen queren wir den Chrummbach, einen der beiden Quellbäche der Doveria, die in Gondo die Schweiz Richtung Italien verlässt. Nach der Brücke halten wir uns rechts und stehen kurz danach an der Postauto-Haltestelle ***Engiloch*** an der Simplonstrasse.

Wie andernorts im Wallis ist auch die Geschichte von Visperterminen eng mit der unentbehrlichen Bewässerung verbunden. Seit 1000 Jahren leitet die «Heido», die oberste Suon aus dem Nanztal, das Wasser der Gamsa über den Gebidumpass auf die höhergelegenen Fluren von Visperterminen. Wir können ihr etwa zwei Stunden bis in den Hintergrund des Tals folgen, das vom Fletschhorn überragt wird.

Mattertal–Grächen: Routen 13–16

Das Mattertal war noch vor Jahrzehnten unter dem Namen Nikolaital bekannt. In noch früheren Zeiten nahm es als Gasental im Bezirk Visp eine Sonderstellung ein. Im Talgrund liegt das grosse Dorf St. Niklaus, das einst als Manneslehen der Bischöfe von Sitten Gasen oder Chauson hiess. Dieses Lehen hatten vor 1249 die Grafen von Savoyen inne. Später ging es als Viztum Chauson vorübergehend an die Herren von Raron, während das Viztum Visp von den Grafen von Biandrate regiert wurde.
Nach dem Sturz der Feudalherren bildete Chauson ein Viertel mit eigener Gerichtsbarkeit. Anfang des 15. Jh. schlossen sich St. Niklaus und Zermatt dem Zenden Visp an, während Randa und Täsch bis 1552 Untertanen des Zendens Brig blieben und der Gerichtsbarkeit des Kastlans von Naters unterworfen waren.
In St. Niklaus, das in Route 13 näher beschrieben ist, wenden wir uns bergwärts dem gewellten Hochland unter den Ausläufern der Mischabelgruppe zu. Hier umrahmen stille Lärchen- und Arvenwälder, die mancherorts bis an die Häuser heranreichen, das Wiesenplateau von Grächen. Der Name Grächen soll aus dem lateinischen granica = Scheune abgeleitet sein. Zahlreiche von der Sonne geschwärzte Kornspeicher zeugen davon, dass hier während Jahrhunderten viel Getreide, vor allem Roggen, geerntet wurde. Die Speicher stehen auf Pfosten mit Steinplatten, um den Vorrat vor Mäusen und anderen Nagetieren zu schützen.
Nach Einzug des Christentums gehörte Grächen zur Zendenkirche von Visp und später zu Stalden, wo auch die Toten begraben wurden. Einzigartig ist die Chi-Brücke, welche unter dem Bahnhof von Stalden die Schlucht der Mattervispa überspannt. Sie diente vor allem der Verbindung ins Saastal, über sie führte aber auch der Kirchweg für die Gläubigen von Grächen. 1527 galt es, die morsch gewordene Hozbrücke durch eine steinerne zu ersetzen. Rasch zeigte die Arbeit des lombardischen Baumeisters Albertino di Molendrino Risse und musste wegen Einsturzgefahr abgebrochen werden. Danach berief man den bekannten Baumeister Ulrich Ruffiner. Dieser setzte alle seine Güter im Wallis auf sechs Jahre als Garantie ein und begann 1544 mit dem Brückenbau. Zwei Jahre später schrieb Sebastian Münster: «Dies Werk mit dem Bruckgestell wird gar trefflich gross und kunstreich geachtet.» 1573 ist Ruffiner in Glis gestorben; seine steinerne Bogenbrücke schwingt sich immer noch über das tiefeingeschnittene Chi. 1433 bauten die Grächer zu Ehren des hl. Jakobus eine eigene Kapelle, die

1704 zur Kirche erweitert wurde. 1750 löste sich Grächen vollständig von der Pfarrei Stalden. 1935 entstand die heutige Kirche, wobei der Turm und die barocken Altäre der alten Kirche beibehalten wurden.
Wohl der bekannteste Bürger von Grächen ist Thomas Platter. 1499 in Grächen geboren, hütete er an den steilen Hängen über Eisten die Ziegen seines Onkels. Noch in jungen Jahren zog er als fahrender Scholar durch die Schweiz und Deutschland und lernte dabei Hebräisch, Griechisch und Latein. Später wurde er ans Gymnasium von Basel berufen. Hier wirkte er 37 Jahre als Lehrer und als Rektor; er wurde Basler Burger und Mitglied der Bäckerzunft. Fürsten und Gelehrte, so Erasmus von Rotterdam, gehörten zu seinen Bekannten.
Seine Autobiographie stellt ein wertvolles Sittenbild des 16. Jh. dar. Im Kreuzgang des Basler Münsters erinnert eine Gedenktafel an den Tod des Humanisten im Jahr 1582. Zwei Söhne Platters, Felix (1536–1614) und Thomas aus einer Spätehe (1574–1628), waren in Basel Stadtärzte und berühmte Professoren der Universität.
Noch vor wenigen Jahrzehnten musste Grächen von der Bahnstation Kalpetran zu Fuss oder auf dem Rücken eines Maultiers in zwei Marschstunden erwandert werden. Heute führt eine gutausgebaute Autostrasse von Visp über St. Niklaus hinauf ins sonnige Dorf, das die Gunst der Natur zu nutzen wusste. Zahlreiche Gasthäuser und Ferienwohnungen vermögen hohe Erwartungen zufriedenzustellen. In den Wäldern und längs den Suonen aus dem Riedbach gibt es einzigartige Wanderwege. Gondelbahnen tragen die Gäste mühelos auf die Hannigalp oder zum Seetalhorn.

Bild: Weitläufige Arven- und Lärchenwälder umrahmen den beliebten Ferienort Grächen auf einer sanft gewellten Terrasse am Ausgang des Mattertals. Nordwärts hebt sich der Blick vom Dorf Törbel zur Moosalp. Den Hintergrund markieren die Gipfel der Berner Alpen.

13 Vom Mattertal ins Turtmanntal

7h30 St. Niklaus–Jungu–Augstbordpass–Gruben/Meiden

Aus der Tiefe des Mattertals steigen wir empor zur Abgeschiedenheit des Bergweilers Jungu. Darüber geniessen wir auf der Pflasterung eines mittelalterlichen Handelsweges die Aussicht bis zum Galenstock und zum Aletschgletscher. Die Traversierung des Augstbordpasses bringt uns durch Weiden in ein grünes Wanderparadies, das nur im Sommer besiedelte Turtmanntal.

Direkt südlich der Bahnstation ***St. Niklaus*** unterqueren wir das Bahngeleise. Hier beginnt der gut markierte Wiesenweg, der uns durch die Öffnung einer Schutzmauer an den Fuss einer hohen Felswand leitet. Neun 1993 erbaute Bildstöcklein begleiten uns nordwärts zum rauschenden Jungbach. Dabei gleitet der Blick durchs Tal hinaus zum Gebidum und zu den Berner Alpen. Nach dem Tobel steigt der Weg in grossen Schlaufen durch den mit Steppengräsern bewachsenen Trockenhang. Über uns zieht die Kabine der Luftseilbahn St. Niklaus–Jungu vorbei.
Auf der Alp ***Jungu*** geniessen wir die Aussicht, wobei im Süden über Zermatt die Monte-Rosa-Gruppe besticht. Im Südwe-

ST. NIKLAUS. Bis in die Mitte des 19. Jh. bildeten die Alp- und die Landwirtschaft die Erwerbsgrundlage der Bevölkerung von St. Niklaus. Seit dem Aufkommen des Alpinismus und dem Bau der Zermattbahn BVZ bot der Tourismus zusätzlichen Verdienst. Um 1900 baute die Burgerschaft das Grand Hotel. Hochtouren ins Mischabel- und Weisshorngebiet wurden zumeist von St. Niklaus aus unternommen. So wurden die Knubel, Lochmatter und Pollinger aus St. Niklaus zur Pionierzeit des Alpinismus berühmte Bergführer. Kriegs- und Krisenjahre liessen den Tourismus in St. Niklaus nie zu einem grossen Aufschwung kommen; die Gäste fuhren lieber nach Zermatt und nach Grächen. Nach kargen Jahrzehnten, die viele Einheimische zur Auswanderung zwangen, richtete die Scintilla AG aus Solothurn im ehemaligen Grand Hotel eine Betriebsstätte mit 12 Beschäftigten ein. Heute sind es über 300, die in neuen Fabrikanlagen arbeiten; an der Stelle des baufällig gewordenen Grand Hotels steht eine moderne Schule. St. Niklaus mit der Station der Zermattbahn BVZ ist ein stattlicher Industrie- und Gewerbeort. Zur Gemeinde gehören verschiedene Dorfschaften und Weiler wie Herbriggen, Mattsand, Gasenried und Jungu, das mit einer Luftseilbahn erschlossen ist.

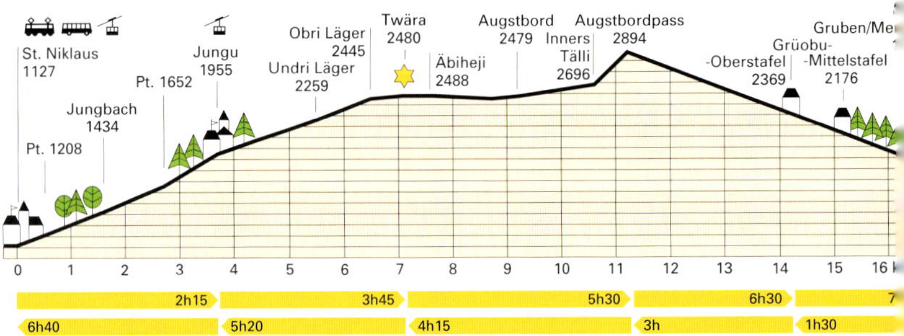

sten verdecken das Brunegg- und das Bishorn einen Teil des firnbedeckten Weisshorns (4505 m). In der Tiefe beeindrucken uns die riesigen, 1991 abgestürzten Felstrümmer vor dem Dorf Randa, die das Tal verengen. Am Gegenhang liegt Grächen am Fuss der Mischabelgruppe auf einer breiten Wiesenterrasse. Früher gab es mehrere Grächer, die in Jungu ein Alpgütlein bewirtschafteten. Mit einer «Spreite», in verschiedenen Lagen auf der Wiese ausgelegten Leintüchern, hatten diese einen eigenen Meldedienst hinüber ins Heimatdorf entwickelt. Den Mittelpunkt von Jungu bildet die 1762 erbaute Bergkapelle mit einem sehenswerten Barockaltar.

Alte Berghäuser aus Holz und Stein begleiten uns an den oberen Rand des Bergweilers. Hier zieht sich der Weg links in den Hochwald hinauf. Eine grosse Schutzmauer begleitet uns bis zur Abzweigung ins Jungtal. Wir steigen rechts über eine grosse Kehre zum Undri und Obri Läger hinauf. Unter dem Grat der ***Twära*** beginnt eine einzigartige Hochwanderung, wobei uns Trockenmauern und Steinpflasterungen eines mittelalterlichen Handelswegs überraschen. Dieser Weg war eine Querverbindung zur Alpentraverse über Zermatt und den Theodulpass nach Italien. Im Südosten schweift unser Blick zum Weissmies, zum Laggin- und zum Fletschhorn. Links der Simplonberge öffnet sich das Goms bis hinauf zum Galenstock. Unter den Gipfeln des Jungfraumassivs windet sich der Grosse Aletschgletscher.

Unser Weg dreht sich westwärts zur Äbiheji. Hoch über den Stallungen im Augstbordstafel durchqueren wir unter dem Steitalgrat ein riesiges Geröllfeld. Zuhinterst im Augstbord überschreiten wir kleine Seitenäste des Embdbachs, die sich unter uns in einem kleinen Weiher sammeln. Am Gegenhang, unterhalb des Augstbordgrats, stossen wir auf den

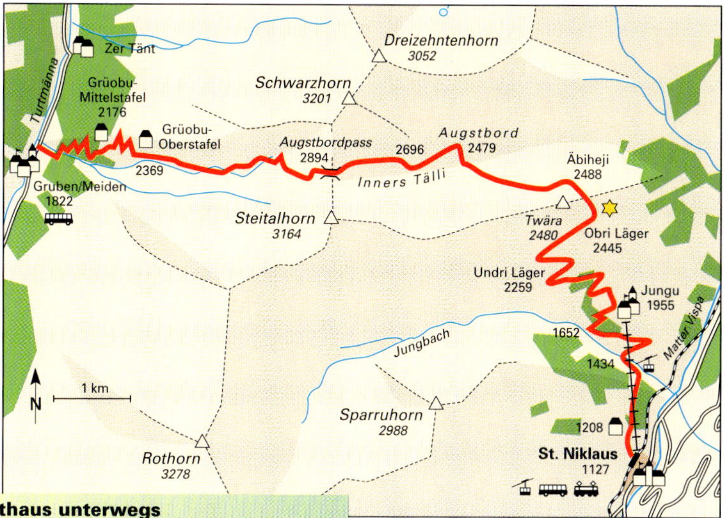

Gasthaus unterwegs
Restaurant Junger-Stübli, Jungu, 3924 St. Niklaus
✆ 027 / 956 21 01 / 956 24 08
Hotel Schwarzhorn, 3946 Gruben
✆ 027 / 932 14 14
Restaurant Trächa, 3946 Gruben
✆ 027 / 932 28 96
Restaurant Waldesruh, 3946 Gruben
✆ 027 / 932 13 97

Weg, der von Embd–Schalb heraufsteigt. Mit ihm gewinnen wir in einer rauhen Landschaft durchs Inner Tälli die Höhe des ***Augstbordpasses,*** wo wir uns von den Weiten des Mattertals verabschieden.

hang weiten sich die grossen Alpweiden des Turtmanntals. Eine bizarre Gipfelkette markiert den Übergang ins Val d'Anniviers. Noch über der Waldgrenze stossen wir auf die Alp ***Grüobu-Oberstafel.*** Unter der Alp wird der Grund des

Die Gemeinde St. Niklaus besteht nicht nur aus dem gleichnamigen Flecken und dem Dorf Herbriggen im Talgrund; an beiden Hängen entstanden verschiedene Weiler und Alpsiedlungen wie Jungu am Augstbordweg. In der Nähe der 1762 erbauten Kapelle finden wir die alten Walliser Häuser von Jungu. Mit der Luftseilbahn-Verbindung nach St. Niklaus entwickelte es sich zu einem beliebten Sommersitz.

Der Weg zum Augstbordpass wurde früher von vielen Kranken begangen, die an der Augstbordquelle Heilung für ihre kranken Glieder suchten. Pater Sigismund Furrer beschrieb die Quelle in seiner um 1850 herausgegebenen «Statistik von Wallis». Der Goldbrunnen soll früher im Ausland bekannter gewesen sein als im Wallis selbst. Ob die Quelle durch ein Erdbeben verschwand oder der Glaube an ihrer Heilkraft verlorengegangen ist, weiss niemand. Bergtüchtige Wanderer können vom Augstbordpass nordwärts zum Schwarzhorn (3201 m) aufsteigen und danach über steile Schutthänge zum Dreizehntenhorn queren. Hier sind Abstiege möglich nach Unterbäch (Route 3) oder über das Augstbordhorn zur Moosalp.

Der problemlose Abstieg vom Augstbordpass durchs Grüobtälli wechselt zwischen Steilpartien und Flachstrecken. Nach kurzem Abstieg erwartet uns am Wegrand ein kleiner See. Am Gegen-

Turtmanntals mit den Weilern Gruben und Meiden sichtbar. Im Süden überragen Les Diablons die Gletscher des innersten Tals. Im Norden steigern sich die Leukerberge zu den Felswänden der Gemmiregion. Darüber ragen das Rinderhorn, der Altels und das Balmhorn auf. Der Weg zum Grüobu-Mittelstafel wird Salzweg genannt, weil er im Sommer von den Sennen täglich zum Salzen der Käse begangen wird. Unter der Alpstallung kreuzen wir den Höhenpfad, der an der rechten Flanke des Turtmanntals in einer Wanderung von 8–9h Ergisch mit der Turtmannhütte verbindet. Im Wald bringt uns der letzte Abstieg zu den nahe zusammengebauten Sommerweilern ***Gruben*** und ***Meiden*** im Herzen des Turtmanntals. Zwischen den Weilern steht die 1708 erbaute Kapelle mit vielen Votivbildern. Von Turtmann und Oberems her ist das Turtmanntal mit einer Fahrstrasse erschlossen, auf der im Sommer regelmässig ein Bus verkehrt.

14 Zu den Dörfern im Mattertal

5h30 Grächen–Mattsand–Herbriggen–Randa–Täsch–Zermatt

Von Grächen aus finden wir abwechslungsreiche Wege, die uns bei Mattsand in den Grund des Mattertals führen. Südwärts musste der alte Weg nach Zermatt auf grossen Strecken den modernen Verkehr aufnehmen. Trotz der Enge des Tals gibt es neue Pfade, welche uns die Hektik unserer Zeit vergessen lassen.

Vom Kirchplatz ***Grächen*** wandern wir ebenhin dem Weisshorn zu. Nach der Antoniuskapelle in der Chäschermatte tauchen wir auf einem Naturweg, der nur wenige Schritte links ansteigt, in den Bergwald ein. Wir überschreiten den bei schweren Gewittern ungemütlichen Ritigrabe. Geradeaus finden wir den gutausgebauten Weg zum Weiler ***Gasenried.*** Abbruch des langgezogenen Riedgletschers. Am Südausgang von Gasenried leitet uns ein Flursträsschen zur kleinen, 1672 erbauten Gnadenkapelle von Schalbettu. Wir wandern zum Riedbach weiter, wo uns das leicht westwärts fallende Natursträsschen durch den Dorfwald übernimmt. In der Teifi Tola kreuzen wir den Bergweg von St. Niklaus zur Bordierhütte.

RANDA. Zwischen den mächtigsten Erhebungen, die vollständig auf Schweizer Boden liegen, dem Dom (4545 m) und dem Weisshorn (4505 m), breitet sich auf einer Gletschermoräne das Dorf Randa aus. Breit lagert sich am linken Talhang über glattgeschliffenen Flühen, zwischen dem Weisshorn und dem Bishorn, der Bisgletscher. So hatte das Dorf immer wieder unter Naturgewalten zu leiden. 1637, 1720, 1737 und 1819 stürzten riesige Eismassen aus dieser Gletscherwelt zu Tal. Dabei vernichtete die Druckwelle des letzten Gletscherabbruchs 118 Gebäude. Im Sommer 1947 verheerten der Wildibach und die hochgehende Mattervispa den ebenen Talgrund. Die Trümmer der 1991 abgebrochenen Felsmassen können wir auf der Wanderung bestaunen. Trotz dieser Naturkatastrophen ist Randa seit Jahrhunderten bewohnt. 1308 gehörte Randa zum Meiertum Naters, von dem es sich 1552 loskaufen konnte. Kirchlich bildete Randa bis 1731 einen Teil der Pfarrei St. Niklaus. 1858 erstiegen Davies und der Führer Zumtaugwald von Randa aus erstmals den Dom. 1861 bezwang Tyndall mit zwei Führern aus dem Berner Oberland das Weisshorn. So hat sich Randa zu einem beliebten Ferienort und Ausgangspunkt für Hochtouren entwickelt. In der Höhe bieten die Dom- und die Weisshornhütte des SAC Zwischenstationen für die grossen Besteigungen.

Die Figur des hl. Theodul oder Joder, des ersten Walliser Bischofs aus dem 4. Jh., ziert den barocken Altar der Dorfkapelle. Der Ausblick vom Weisshorn im Südwesten bis zum Bietschhorn und zum Aletschgletscher im Norden ist grossartig. Den Gegenhang des Mattertals markieren steile Felsflühe. Im Süden überragen die Gipfel der Mischabelgruppe den Hoch über dem Mattertal, am Fuss des Grathorns, schwenken wir südwärts auf einen Fussweg ein, der durch ein weites bewaldetes Trümmerfeld verläuft. Vom Felserker in der Giretsche erblicken wir in der Tiefe das Dorf St. Niklaus mit dem Zwiebelturm der Pfarrkirche.

Nach einem leichten Abstieg im Flüewald stehen wir im Hollerborwald vor

einer Abzweigung. Taleinwärts führt uns ein Fussweg an den Grosse Grabe, dessen Überquerung nicht immer gewährleistet ist.
So ist es sicherer und bequemer, etwa 500 m ebenhin talauswärts zu wandern. Bei der Abzweigung oberhalb Balmu drehen wir uns wieder nach Süden. Am Gegenhang schlängelt sich das grauweisse Band des Blattbachs in die Tiefe. Am Ausgang des Bifigwaldes überschreiten wir problemlos den schuttreichen Grosse Grabe. Im Mattwald queren wir zweimal einen breiten Forstweg. Darunter schützt ein grosser Wall die Siedlung Mattsand vor Abbrüchen aus der hohen Talflüe. Im engen Felskessel senkt sich der Weg zum Weiler ***Mattsand*** mit seiner behäbigen Kapelle. Nördlich der Kapelle überqueren wir die Strasse, das Geleise der Zermattbahn BVZ und die Matter Vispa. Am bergseitigen Rand des Ausgleichbeckens Mattsand schreiten wir taleinwärts. Das Becken dient dem Kraftwerk Ackersand 2 zur Regulierung des gefassten Vispa-Wassers. Geradeaus bringt uns ein Strässchen zum Tumigbach, der sich aus einem Felskessel in die Tiefe ergiesst. Wir wandern weiter durch die üppigen Wiesen von Tumigen, wobei wir ans Gegenufer der Matter Vispa zum stattlichen Dorf Herbriggen hinüberblicken. Sehenswert ist der Bergfriedhof südlich der Dorfkirche mit gefälligen Holzkreuzen.
Wir bleiben auf der Westseite der Matter Vispa. Kurz nach der Brücke zur ***Bahnstation Herbriggen*** wird das Tal enger. Wir steigen auf einem einfachen Pfad rechts wenige Schritte den Hang hinauf und überqueren den Bach aus dem Guggigraben. Über üppigen Wiesen wandern wir in leichtem Anstieg taleinwärts an den Fuss einer hohen Felswand. Im Abstieg umrunden wir den fruchtbaren Talboden mit der Häusergruppe von Zen Achern. Um der Steinschlagzone von Randa auszuweichen, müssen wir beim Rosswang die Vispa überqueren. Am Gegenufer, oberhalb der Bahnlinie, liegt der Weiler Breitmatten mit einer grossen Kapelle. Wir folgen noch vor der Bahnlinie rechts einem breiten Fussweg taleinwärts. Vor uns türmen sich die Massen des 1991 abgebrochenen Bergsturzes von Randa. Hoch über den Trümmern erkennen wir die frische Abrissstelle. Im Aufstieg öffnet sich am Gegenhang ein grosses Stollenportal. Hier endet ein Umleitstollen, welcher das Dorf Randa bei neuen Bergstürzen oder Lawinenniedergängen vor Überschwemmungen schützen soll. Neben dem neu ausgehobenen Flussbett lassen wir uns von der Urgewalt der Natur beeindrucken, welche in kurzen Augenblicken eine derartige Zerstörung bewirken kann. Wir folgen den Wegen und Flurstrassen zwischen der Matter Vispa und der Bahnlinie, bis wir kurz vor der ***Station Randa*** auf einer Brücke ans Gegenufer wechseln. Dabei überblicken wir den Bisgletscher am Fuss des Weisshorns. Er stiess früher bis in den Talgrund vor.
Nach der Brücke zweigen wir sofort links ab, folgen der Matter Vispa taleinwärts und erblicken am Gegenhang das Dorf Randa mit dem weiter südlich gelegenen Weiler Wildi. Auf der Höhe des Wildibachs stossen wir auf die Fassung des Umleitstollens, dessen Ende unterhalb Randa sichtbar war. Nach Gebüsch und

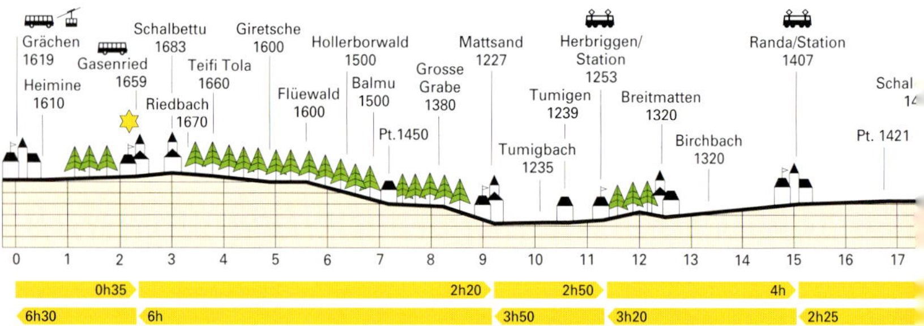

Wald öffnet sich vor uns das Schali, eine landwirtschaftlich genutzte Ebene mit einem Golfplatz. Sie wird vom Schalibach durchquert, der aus dem Hohlichtgletscher gespeist wird. Nach der Schalibrücke folgen wir einem Auenwäldchen mit einem Kiesteich und später der Matter Vispa taleinwärts. Am Gegenufer breitet sich das Dorf ***Täsch*** mit riesigen Parkplätzen aus. Hier endet die öffentlich befahrbare Strasse nach Zermatt; die Gäste können nur mit der Bahn weiterreisen. Östlich des Dorfes öffnet sich die Schlucht des Täschbachs. Wir folgen dem flachen Ufer der Vispa bis nach Zermettjen, wo die Zermattbahn BVZ den Fluss überquert und zu uns stösst. Im Wald beginnt der letzte Aufstieg auf einem angenehmen Fussweg. Das Tal ist eng und Lawinen ausgesetzt; auf grosse Strecken verschwindet die Bahn unter Schutzgalerien. Das Dach dieser Galerien bietet uns einen angenehmen Wanderweg. Unterwegs fällt uns eine Holzbrücke über die Vispaschlucht auf. Sie dient als Fussgängerverbindung hinüber zur Schlangengruebe und hinauf zur Täschalp. Überragt vom Matterhorn, dem fantastischen Felsenriff über einem Eismeer, öffnet sich im Luegelti der weite Talkessel von ***Zermatt.***
Ein letzter Bummel bringt uns über Grueben und am neuen lawinengeschützten Bahnhof vorbei in den Mittelpunkt zahlreicher Ferienträume.

St. Niklaus im mittlerern Mattertal wird von turmhohen Felspfeilern überragt.

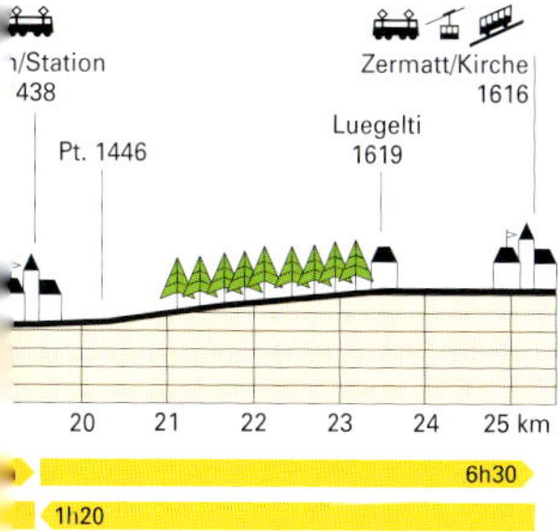

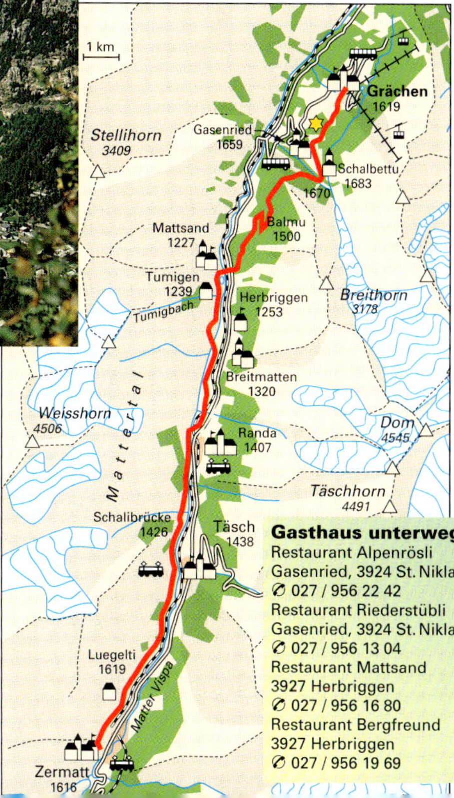

Gasthaus unterwegs
Restaurant Alpenrösli
Gasenried, 3924 St. Niklaus
✆ 027 / 956 22 42
Restaurant Riederstübli
Gasenried, 3924 St. Niklaus
✆ 027 / 956 13 04
Restaurant Mattsand
3927 Herbriggen
✆ 027 / 956 16 80
Restaurant Bergfreund
3927 Herbriggen
✆ 027 / 956 19 69

15 Zu einer packenden Gletscher- und Gipfelwelt

4h15 Grächen–Eggeri–Alpja–Bordierhütte SAC

Auf der ersten bewaldeten Wegstrecke begleiten uns die bekannten Grächer Suonen. Über dem Tälchen des Riedbachs beginnt der Aufstieg zu den Höhen des Riedgletschers. Nach der vorsichtigen Gletschertraversierung stehen wir bei der Bordierhütte SAC in unmittelbarer Nähe imposanter Viertausender der Mischabelgruppe.

Vom Kirchplatz ***Grächen*** wandern wir bergwärts zum Sportzentrum. Geradeaus führt uns ein Pfad unter der Gondelbahn, die zum Seetalhorn fährt, in den nach Harz duftenden Lärchen- und Arvenwald. Nach kurzer Zeit stossen wir auf die Chilcheri, eine der vier Suonen aus dem Riedbach. Mit der Chilcheri zweigen wir rechts ab und wechseln in der nächsten Lichtung, Im Loch, auf den oberen Suonenpfad. Unter uns liegt das Feriendorf Grächen auf einer breiten Wiesenterrasse. Im Südwesten reckt sich das mächtige Weisshorn mit seinen Trabanten. Längs der Suon geniessen wir einen beschaulichen Waldbummel.

DIE SUONEN AUS DEM RIEDBACH. Mit 600 mm werden im Gebiet von Grächen, Staldenried und Törbel die geringsten jährlichen Niederschlagsmengen der Schweiz gemessen. Wie vielerorts im Wallis würden auch hier die Kulturen ohne künstliche Bewässerung nicht gedeihen. So haben die Bewohner bereits vor 1000 Jahren damit begonnen, die Bergbäche zu fassen und über lange Wasserleitungen – die sogenannten Suonen – auf die Fluren zu leiten. Ein typisches Beispiel ist der Riedbach, der vom langgezogenen Riedgletscher aus dem Herzen der Mischabelgruppe gespeist wird. Zur Bewässerung grosser Gebiete von Grächen und St. Niklaus wird ihm das Wasser für vier nahezu parallel verlaufende Suonen in unterschiedlichen Höhenlagen, die Eggeri, die Chilcheri, die Bineri und die Riederi, entnommen. Zur Kontrolle und zum Unterhalt dieser durch den Grächerwald verlaufenden Suonen wurden Wege geschaffen, auf denen wir stundenlang geruhsam wandern können. Jahrhundertelang befürchteten die Nutzniesser einen Vorstoss des Riedgletschers und damit die Zerstörung der lebenswichtigen Suonen-Fassungen. Ein jährlicher Pilgerzug am 4. September zur Kapelle von Schalbettu sollte diese Gefahr abwenden. Heute hat sich der Riedgletscher in die Höhe zurückgezogen. Trotzdem ist sein Abfluss noch so stark, dass ein Teil den Kraftwerken Mattmark zugeleitet werden kann.

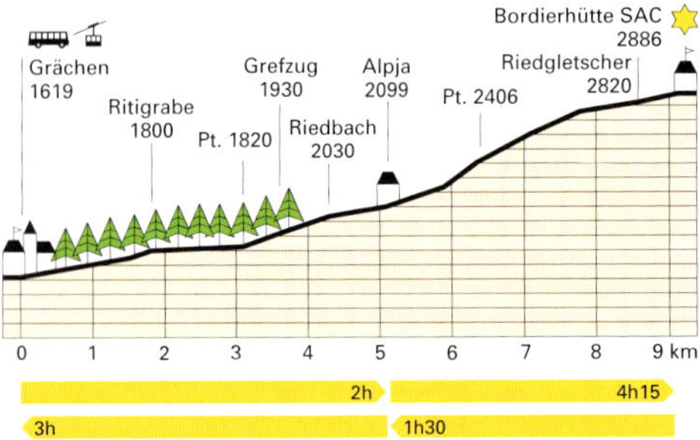

Gasthaus unterwegs
Bordierhütte SAC, 3925 Grächen
✆ 027 / 956 19 09

Die Bordierhütte vor dem Riedgletscher steht in einer einzigartigen Gebirgslandschaft, welche hier und da die magische Viertausendergrenze überragt.

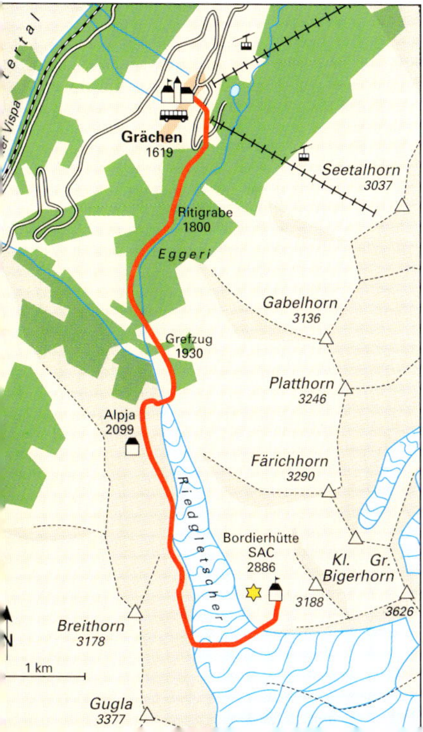

Hoch über dem Weiler Chäschermatte wechseln wir auf die oberste Suon, die Eggeri. Mit ihr überqueren wir auf einer sicheren Brücke den gefährlichen Ritigrabe, der bei schweren Gewittern riesige Geröllmassen ins Tal transportiert. Im Riederwald drehen wir uns südwärts dem Riedbach zu. Hoch über uns bestaunen wir die riesigen Abbrüche des Riedgletschers, den wir bald näher kennenlernen. Vom Weiler Gasenried steigt ein Fussweg zu uns herauf. Mit ihm beginnen wir links den Aufstieg. Unter uns rauscht der Riedbach, der teilweise in einer Wasserfassung der Kraftwerke Mattmark verschwindet.
Der Pfad leitet uns über den Grefzug in den riesigen Moränenkessel vor dem Tor des Riedgletschers. Auf dem vom Gletscher freigegebenen Talgrund stocken junge Lärchen. Spärliche Weidepölsterchen dienen den Schafen als Nahrung.

Ein Holzsteg trägt uns über den Riedbach. Am Gegenhang ziehen wir zuerst rechts auf den bewaldeten Moränenkamm empor. Dahinter stösst ein alter Pfad von Gasenried zu uns herauf. Im Norden bewundern wir Ausschnitte der Berner Alpen mit der Pyramide des Bietschhorns. Weiter links schweift der Blick über die Grate der Augstbordregion.
In der Mulde hinter dem Moränenkamm ziehen wir zur Schafweide der ***Alpja*** hinauf. Am Wegrand steht eine einfache Schäferhütte. Im obersten Baumbewuchs tummelt sich eine Gemsherde mit Jungtieren. Gelegentlich öffnet sich über dem Moränenkamm ein Ausblick auf den Gletscher, bis uns der Pfad in seine Nähe führt; wir traversieren ihn jedoch nicht, sondern nehmen am rechten Hang nochmals einen Aufstieg in Angriff. Am Gegenhang wird die mit einer Fahne gekennzeichnete Bordierhütte sichtbar. In der Höhe führt uns eine gute Markierung auf den Moränenschutt hinaus, unter dem wir stellenweise blankes Eis erkennen. Fast auf der Höhe der Hütte betreten wir mit Respekt und Vorsicht den Riedgletscher, wo die Route zunächst zwischen grossen Spalten hindurchführt. Danach folgen wir auf der kompakten Eisfläche fast ebenhin der gut sichtbaren Markierung. Rechts über uns ragt ein riesiger zerrissener Steilanstieg des Gletschers empor. Am Gletscherrand steigen wir kurz über Moränenschutt einen Steilhang hoch. Danach bringt uns ein guter Weg fast ebenhin zur ***Bordierhütte*** auf einem Ausläufer des Kleinen Bigerhorns. Unterwegs staunen wir über die kleinen Blumengruppen, die in einer Höhe von fast 3000 m noch ein karges Dasein fristen. Die 1927 erbaute Bordierhütte geht auf eine Spende von Pierre Bordier zurück; sie wurde der Sektion Genf des Schweizer Alpenclubs SAC übergeben. Die Hütte mit 44 Plätzen dient als Ausgangspunkt zur Besteigung des Balfrins, des Ulrich- und des Nadelhorns sowie für die Übergänge über den Riedpass und das Windjoch nach Saas Fee. Wanderer geniessen vor der Hütte die grossartige Aussicht. Imposant sind nahe im Süden das Stecknadelhorn, das Hohbärghorn und das Dirruhorn, welche alle über die magische Viertausendergrenze hinausragen. Rechts wandert der Blick über das Galenjoch zum Breithorn. Im Osten bestechen der Balfrin, das Grosse Bigerhorn und das Färichhorn. Weit im Norden freuen wir uns am Anblick der Berner Alpen mit der Blüemlisalp, dem Doldenhorn, dem Altels, dem Rinder- und dem Wildhorn. Wanderer ohne «höhere» Absichten steigen auf dem Aufstiegsweg wieder in die Tiefe. Wer nicht zurück nach Grächen will, kann unter der Alpja auf einem steilen Weg direkt nach Gasenried zu der dortigen Postauto-Haltestelle absteigen. Der bessere Weg nach Gasenried zweigt erst nach der Querung des Riedbachs links ab.

Am Rand der Mischabelgruppe bildet die Hannigalp einen weit nach Norden vorragenden Erker. Auf der breiten Wiesenterrasse bietet sich ein einzigartiger Ausblick, der im Norden von den Gipfeln der Berner Alpen mit dem Bietschhorn begrenzt wird.

16 Am Fuss der Mischabelgruppe

5h15 Grächen–Heidnische Tossu–Hannigalp–Grächen

Der Aufstieg durch den kühlen Grächerwald bringt uns an der Waldgrenze zu beeindruckenden Schutzbauten. Die Rast auf dem Heidnische Tossu versetzt uns in eine Sagenwelt. Wir geniessen hier und am Fuss des Wannehorns grossartige Ausblicke. Der Gratweg zwischen dem Matter- und dem Saastal leitet uns zur bekannten Hannigalp am Balfrin-Höhenweg.

Vom Kirchplatz in ***Grächen*** steigen wir bergwärts, an der Talstation der Gondelbahn aufs Seetalhorn und am Sportzentrum vorbei, in den Wald hinauf. Wir folgen dem Trassee der Gondelbahn und überqueren das Fahrsträsschen zum Grächersee. Knapp darüber zweigen wir auf einer Waldterrasse links zum Scheidbodo ab und überschreiten nordostwärts die Eggeri, die oberste der vier Suonen aus dem Riedbach. Beim Wegkreuz (Pt. 1833) halten wir uns rechts an den Weg, der uns südwestwärts durch den Grächerwald in die Höhe leitet. Zwischen Steintrümmern finden Lärchen und Arven, Alpenrosen und Heidelbeersträu-

HEIDNISCHE TOSSU. Tossu ist die Mundartbezeichnung für einen turmähnlichen Felskoloss. Der Sage gemäss sollen die heidnischen Urbewohner auf diesem Fels ihren Göttern geopfert haben. Diese Ureinwohner seien Zwerge gewesen, die von den späteren Einwanderern aus den sanften Gefilden von Grächen in diese unwirtlichen Höhen verdrängt wurden. Sie hausten dann mit ihren Ziegen westlich des Tossu auf der Glatti Egga in Höhlen. Der Tossu bietet uns ein sicheres Plätzchen für eine einzigartige Aussichtsrast. Den Westen begrenzt das Mattertal. Unser Blick folgt dem Grat des mächtigen Weisshorns (4505 m) nach rechts zu den Höhen der Moosalp. Den Norden prägen die Berner Alpen von der Gemmi über das Bietschhorn zur Jungfrau-Region. Unter der Jungfrau windet sich in weitem Bogen der Aletschgletscher. In den Tiefen der Täler und an den Gegenhängen sonnen sich zahlreiche Bergdörfer. Weit im Norden dehnt sich das Städtchen Visp im Talgrund. Wer sich an der Ferne sattgesehen hat, kann sich von der nächsten Umgebung beeindrucken lassen und dabei hellhörig werden. Vielleicht vernimmt er den Pfiff eines Murmeltiers und fühlt mit Conrad Ferdinand Meyer, dessen Gedicht «Himmelsnähe» so ausklingt: «Ich bin allein auf meinem Felsenriff / und ich empfinde, dass Gott bei mir sei.»

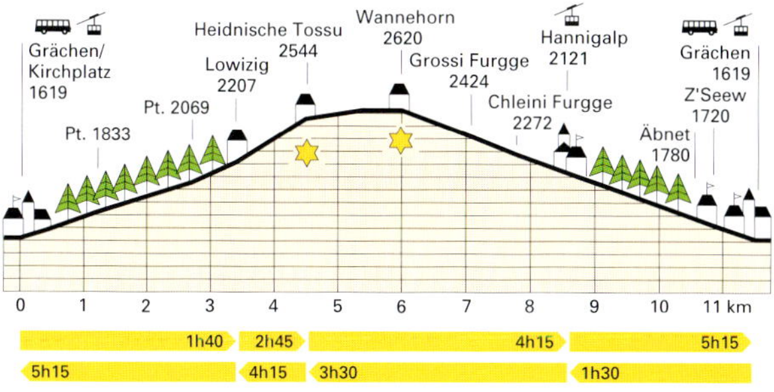

cher einen kargen Nährboden. Durch Lichtungen geniessen wir Ausblicke nach Grächen und zum gegenüberliegenden Berghang. Über uns zieht die Gondelbahn zum Seetalhorn hinauf. Bei Pt. 2069 schlägt unser Weg, der immer bescheidener wird, eine Schlaufe. Darüber leitet er uns in kurzen Kehren in die ***Lowizig*** (Lawinenzüge). Hier entstanden bereits 1921 neun grosse Zyklopenmauern, um Grächen vor Lawinen und Steinschlag zu schützen. Aus dieser Zeit stammte auch eine kleine Hütte für die Unterkunft der Arbeiter. An ihrer Stelle bietet heute die «Spilhitta», ein einfacher Holzbau, Gelegenheit zu Rast und Spielen. Fast ebenhin führt ein Fussweg zur Hannigalp.

Wir steigen rechts unter dem bizarr zerklüfteten Durlochhorn in die Höhe und gewinnen einen guten Überblick über die grossen Schutzmauern. Über der obersten Verbauung zweigt rechts ein Weg zur Plattja und zum Seetalhorn ab. Wir durchqueren links ein Trümmerfeld und durchstreifen darüber die obersten Ausläufer des Grächerwalds mit bescheidenen Arven. Der letzte steile Aufstieg zum weithin sichtbaren Kreuz auf dem ***Heidnische Tossu*** ist zwischen den Steinen gut ausgelegt.
In der Mulde hinter dem Heidnische Tossu steht die nächste Schutzhütte. Südwärts steigt ein Weg zur Bergstation der Seetalhornbahn. In leichtem Anstieg schreiten wir auf einer breiten Bergpiste

Mit seinen Wiesen und Wäldern bietet Grächen auch auf kurzen Spaziergängen reiche Abwechslung. Am Weg zur Hannigalp stehen wir nach der Durchquerung von Lärchen- und Arvenwäldern bei Z'Seew unverhofft an einem kleinen Bergsee. In unmittelbarer Nähe können wir längs den Suonen aus dem Riedbach ins Bärgji oder nach Gasenried bummeln.

Gasthaus unterwegs
Bergrestaurant Hannig, 3925 Grächen
✆ 027 / 956 23 81
Restaurant Hannighüsli, 3925 Grächen
✆ 027 / 956 32 39
Hotel Zum See, 3925 Grächen
✆ 027 / 956 24 24
Restaurant Zum See, 3925 Grächen
✆ 027 / 956 10 70

über einer riesigen Trümmermulde ostwärts zum Sattel unter dem Wannehorn. Wir erklimmen kurz den Fuss des Wannehorns und gönnen uns den Ausblick. Im Nordosten wird der Grosse Aletschgletscher vom Fiescherhorn überragt, rechts folgt das Finsteraarhorn. Im Süden liegt das Saastal zu unseren Füssen. Links ist das Tal durch Fletschhorn, Lagginhorn und Weissmies begrenzt, rechts grüsst die Balfringruppe. Im Hintergrund schliesst der Monte-Moro-Pass das Tal nach Italien ab. Tief unter uns folgt der Balfrin-Höhenweg (Route 25), der taleinwärts bis Saas Fee steile Talflanken durchquert, dem Hang.
Vom Sattel steigen wir links unter dem Grat zur nächsten Rasthütte ab. Wer den Gratweg zwischen dem Matter- und dem Saastal meiden will, folgt links der breiten Piste zur Hannigalp. Für den erlebnisreicheren Gratweg halten wir uns unter der Schutzhütte rechts und lassen uns dabei Zeit. Beim Abstieg an den Fuss des Wannehorns ist jeder Tritt durch das Trümmerfeld sicher angelegt. Darunter leuchten uns auf dem Grat in Weidepölsterchen Bergblumen in intensiven Farben entgegen. Auf der breiten Weidmulde der Grossi Furgge sind die Steine zu Schutzmäuerchen zusammengetragen. Darunter fällt der Gratweg zur Chleini Furgge ab. Hier verläuft er wie die Pisten durch Weiden zur ***Hannigalp.***
Auf der Hannigalp stossen wir auf den Balfrin-Höhenweg. Der breite Alpweg führt links an der Bergstation der Hannigalp-Gondelbahn, den Alpstallungen und der Bergkapelle vorbei talwärts. Im Südwesten, neben der Spitze des Matterhorns, grüsst das strahlende Weisshorn. Unser Weg taucht in den Wald ein. Auf einem Felsblock erinnert die Inschrift «Nordmannstein 1905» an den ersten Feriengast von Grächen. Über dem Äbnet lockt eine flache Bergwiese zur Rast. Bei Pt. 1780 überqueren wir die vom Aufstieg her bekannte Eggeri. Rechts am Wegrand liegt der Ringchrommen, eine von Mauern umgebene Waldwiese, auf der sich die Kühe nach langer winterlicher Stallhaft frei tummeln. Bei Z'Seew, am Grächer See, lädt ein Rundweg zu einem Spaziergang ein. Von dort steigen wir in kurzer Zeit wieder nach dem Ausgangspunkt ***Grächen*** ab.

Zermatt: Routen 17–23

1280 wird Zermatt als «Pratobornum» – als Wiesenquelle – erwähnt, später hiess es «Praborgne» und «zur Matte». Im Mittelalter waren die Pässe über den Theodul nach Italien und den Col d'Hérens ins gleichnamige Tal kaum vergletschert. Wichtige Handelswege, welche gleichzeitig die Verbindung zu zahlreichen Walsersiedlungen herstellten, führten von Zermatt über die Hochpässe ins benachbarte Italien. In Findeln konnte auf Höhen von 2000 m noch Roggen geerntet werden.
Auf dem Territorium der Schweiz gibt es 37 Viertausender; davon säumen 29 die hinteren Vispertäler. Sie bilden einen riesigen, durch Gletscher und Moränen verbundenen Kranz. Darin eingebettet liegt Zermatt, gleichzeitig ein altes verträumtes Dorf und eine moderne Bergstadt. Nachdem Ärzte und Pfarrherrn in der ersten Hälfte des 19. Jh. wenigen Reisenden eine einfache Unterkunft geboten hatten, entstanden nach 1850 in Zermatt die ersten Gasthäuser. Den Betrieb übernahm Alexander Seiler aus einer Gommer Familie, dessen Bruder Josef in Zermatt als Kaplan waltete. Später führte Seiler Gasthäuser auf eigene Rechnung. Im Dorf selbst wie in der nahen Umgebung entstanden die Seiler-Hotels, deren Qualität und Bekanntheitsgrad noch heute Massstäbe setzen. In Seilers «Monte Rosa» erlernte auch der weltweit berühmte Hotelkönig Cäsar Ritz, der wie die Seiler aus dem Goms stammte, sein Handwerk. Neben der Familie Seiler wurden die Burger- und Gemeindebehörden aktiv, die sich neben dem Bau von Gasthäusern der Entwicklung einer breitgefächerten Infrastruktur widmeten. Auch die ersten Wasserkraftwerke nahmen im ausgehenden 19. Jh. am Triftbach und am Findelbach den Betrieb auf. In Gemeinschaft mit Privaten entstand in 150 Jahren ein modernes Ferienzentrum, das verwöhntesten Ansprüchen gerecht wird. Zermatt kann heute in mehr als 100 Hotels und zahlreichen Ferienwohnungen etwa 20 000 Gäste aufnehmen.
Bis 1858 konnte Zermatt nur über einen Saumpfad erreicht werden; in den Folgejahren erbauten die Zermatter eine Strasse durchs Mattertal, die mit Kutschen befahrbar war. Nach der Erstbesteigung des Matterhorns im Jahr 1865 wurde der Name Zermatt weit über die Landesgrenzen hinaus bekannt. 1878 besuchte Mark Twain den Ferienort; seine Reiseberichte lockten die Amerikaner und Engländer scharenweise nach Zermatt. Den endgültigen Aufschwung brachte die Zeit des Eisenbahnbaus und der Alpendurchstiche. 1876 fuhr die Suisse Occidentale-Simplon-Bahn in Visp ein, zwei Jahre später war sie in Brig. Wieder zehn Jahre später begann die Planung der Visp-Zermatt-Bahn, und 1891 konnte die 35 km lange Bahnstrecke durch das enge Tal, auf grosse Strecken in unmittelbarer Nähe der unberechenbaren Vispa, den Sommerbetrieb aufnehmen. 1929 wurde die Bahnlinie elektrifiziert und auf ganzjährigen Betrieb umgestellt. Gleichzeitig wurde auch abschnittsweise der Winterbetrieb auf der 1898 eröffneten Gornergratbahn aufgenommen. Gleichzeitig verstand es Zermatt, den motorisierten Strassenverkehr vom Ort abzuhalten. Für die Allgemeinheit ist die Talstrasse nur bis zu den grossen Parkplätzen von Täsch befahrbar; spätestens hier gilt es, auf die Zermattbahn umzusteigen oder einen Taxidienst in Anspruch zu nehmen. Im Ort selbst sind alle Motorfahrzeuge verboten; neben von Pferden gezogenen Kutschen und Schlitten sind nur kleine Elektrofahrzeuge gestattet. So wird der Spruch «Domine, conserva nos in pace» («Herr, bewahre uns unseren Frieden») auf dem Murmeltierbrunnen von Zermatt wohl noch lange seine Gültigkeit behalten.
Wer Zermatt besucht, wird nicht nur die Berge bewundern, sondern auch durch die stillen Gassen bummeln, wo die alten Zermatter Familien zu Hause sind. Ihre Namen sind eng mit der Geschichte von Zermatt, aber auch mit der Tragik seiner Bergsteigerschicksale verbunden. Sehenswert ist das Alpine Museum, welches von der Alpinen Vereinigung eingerichtet wurde. Die Ausstellung will das Verständnis für die Berge wecken und gleichzeitig die damit verbundenen Schwierigkeiten und Gefahren aufzuzeigen. Neben den Ausrüstungsgegenständen der ersten Hochtouristen sind auch Objekte der Erstbesteigung des Matterhorns vorhanden, so das durch den Absturz zerrissene Seil. Auf dem Bergfriedhof neben der Dorfkirche finden sich neben den zahlreichen Namen einheimischer Geschlechter auch solche vieler Fremder, auch junger Menschen – Opfer der Bergriesen.
Bild: Zermatt im Glanz des Herbstlichtes.

17 Vor der Nordwand des Matterhorns

6h30 Zermatt–Trift–Höhbalmen–Zmuttgletscher–Zermatt

Ein guter Bergweg bringt uns durch die Schlucht des Triftbachs in die breite Triftalp. Hier öffnet uns ein Höhenpfad eine einzigartigen Sicht in die Zermatter Bergwelt. Die schaurige Nordwand des Matterhorns lässt sich in allen Einzelheiten beobachten. Der Rückweg führt uns durchs malerische Zmutt-Tal wieder nach Zermatt.

Beim Hotel Post oder oberhalb der Kirche von ***Zermatt*** finden wir markierte Wege ins Trift. Gemütliche Wiesenpfade leiten uns in der Nähe alter Häusergruppen und Stadel an den hoch gelegenen Ausgang der Triftschlucht. Auf einem gut angelegten Zickzackweg finden wir im lockeren Wald, an steilen Felswänden vorbei, die Höhe der Felskanzel Alterhaupt mit dem Gasthaus Edelweiss. Wir geniessen einen ersten Ausblick über Zermatt und den östlichen Gegenhang

Das Matterhorn. Das 4476 m hohe Matterhorn, der Hausberg und das Wahrzeichen von Zermatt, besticht durch seine Form wie durch seine Exposition. Über einem riesigen Eismeer streben die scharfgeschnittenen Konturen des Furggrats, des Hörnligrats, des Zmuttgrats und (vom Norden nicht sichtbar) des Liongrats dem Gipfel zu. Noch im ausgehenden 18. Jh. bezeichneten furchtsame Menschen die Berge in Hintergrund der Vispertäler als das «schweizerische Grönland» und die «scheusslichste Wildnis». Bald danach setzten Versuche ein, das «Horu», wie die Zermatter ihren Berg liebevoll nennen, zu bezwingen. Am 14. Juli 1865 gelang einer vom Engländer Edward Whymper geführten Gruppe unter dramatischen Umständen die Erstbesteigung, die vier Todesopfer forderte. Seither wurde der Berg unzählige Male auf verschiedensten Wegen bezwungen; viele sind von dieser Hochtour nicht mehr heimgekehrt. Auf dem Bergsteigerfriedhof neben der Zermatter Pfarrkirche können wir ihrer gedenken. Immer wieder versuchten die Menschen, den Weg aufs Matterhorn zu erleichtern und zu sichern. So sprach man nach der Eröffnung der Zermatt-Bahn BVZ im Jahr 1891 von einer Bahn aufs Matterhorn. Glücklicherweise wurde diese Idee nie Realität. Immerhin erleichtern heute Seilbahnen einen Teil des langen Aufstiegs. Eine Reihe von Gasthäusern, Berghütten und Biwaks bieten den Bergsteigern Unterkunft und Schutz vor Unwettern. Noch im Frühjahr 1997 stiftete die Lonza AG zu ihrem 100-Jahre-Jubiläum ein Biwak am Fuss des Zmuttgrats.

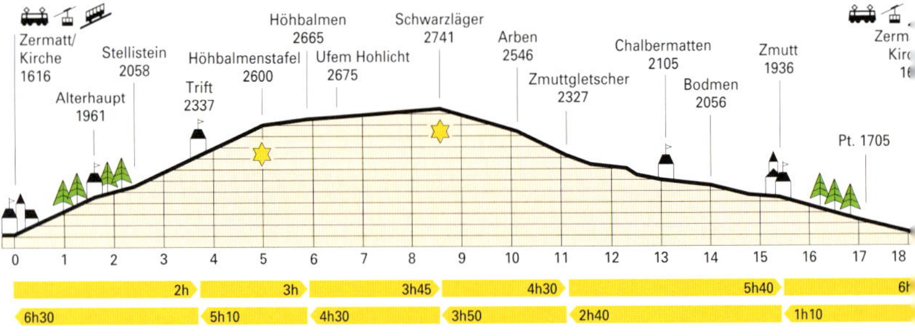

mit dem Tälchen von Findeln, der Sunnegga und dem Unterrothorn. Ein steiler Weg zweigt links direkt zu den Höhbalmen ab. Wir wandern auf dem Triftweg

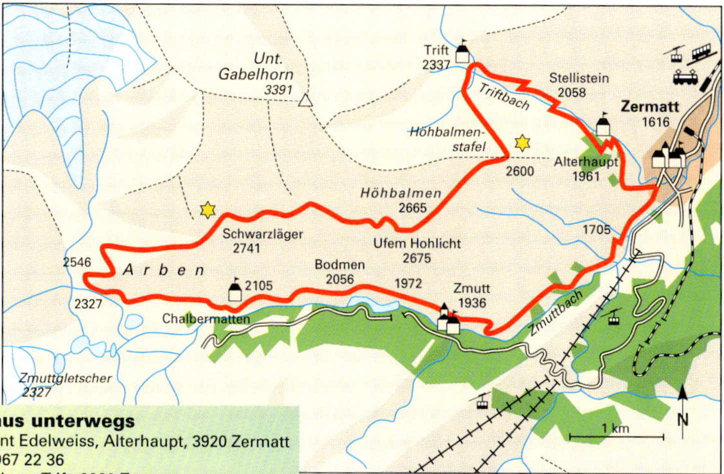

Gasthaus unterwegs
Restaurant Edelweiss, Alterhaupt, 3920 Zermatt
✆ 027 / 967 22 36
Berggasthaus Trift, 3920 Zermatt
✆ 077 / 28 18 14 oder 027 / 967 68 59
Restaurant Kalbermatte, 3920 Zermatt
✆ 077 / 28 02 66
Restaurant Z'Mutt, 3920 Zermatt
✆ 027 / 967 27 10

fast ebenhin in die kühle Triftschlucht hinein. Auf dem Stellistein überschreiten wir den Triftbach, der teilweise in den Stausee der Grande Dixence abgeleitet wird. Erst auf einem Umweg über das Val de Bagnes südlich von Martigny findet das Wasser wieder den Weg in die Rhone zurück. Im Einschnitt des Tälchens erkennen wir das Zinalrothorn.
Beim einfachen Gasthaus auf dem ***Trift*** öffnet sich vor uns der mit Steinen übersäte Kern der Alp, die im Nordwesten von Gletschern umsäumt ist. Nordwestwärts können wir über den Violeboden zum Mettelhorn oder zur Rothornhütte aufsteigen. Wir drehen uns jedoch nach Süden. Ein schmaler Weg führt uns in kurzen Windungen durch den Steilhang von Litzinen zum Rücken des Höhbalmenstafels mit einer einzigartigen Aussicht. Den Nordosten über der Täschalp prägt die Mischabelgruppe. Im Osten wandert der Blick vom Findeltälchen aufwärts über den langgezogenen Findel-

Wie hier im einsamen «Hotel du Trift», so sind Wanderer in allen Gasthäusern und Berghütten der Umgebung von Zermatt gern gesehen.

gletscher und weiter hinauf zum Rimpfischhorn und zum Strahlhorn. Rechts über Gornergrat, Hohtälli und Stockhorn beherrschen die massigen Schneegipfel der Monte-Rosa-Region die Sicht.
Für uns beginnt eine einzigartige Wanderung der Pyramide des Matterhorns entgegen. Auf ***Höhbalmen*** stösst der steile Aufstieg von Alterhaupt zu unserer

Route. Der Weg zieht sich an Ufem Hohlicht vorbei, unter dem Wisse Tschuggen hindurch, zum ***Schwarzläger.***
Nirgendwo sonst lässt sich die Nordflanke des Matterhorns besser bestaunen als hier. Wir erkennen alle Einzelheiten in voller Eindrücklichkeit und Schaurigkeit. Fast senkrecht fallen die Flanken vom Gipfel über den Matterhorngletscher und steile dunkle Felsen in den Talgrund. Rechts schneidet der Zmuttgrat seine scharfen Konturen, links der Hörnligrat. Westwärts zieht sich die stolze Gipfelreihe über die Dent d'Hérens, die Tête de Valpelline und die Tête Blanche zum Col d'Hérens.
Zur Abwechslung gönnen wir uns einen Blick ostwärts hinunter ins tiefe Mattertal. Sofort gleitet der Blick wieder hinauf zu den Spitzen des Südkamms, zum Breithorn und zum Monte Rosa mit der Dufourspitze (4634 m).

Das Matterhorn ist der wohl meistfotografierte Berg der Welt. Dabei ist es faszinierend zu beobachten, wie das «Horu» – so nennen die Zermatter das Matterhorn in ihrer Mundart – je nach Standort des Wanderers, Jahreszeit und Wetter ein anderes Gesicht zeigt. Auf dem Weg über die Höhbalmen bieten sich dem Wanderer alle Details der Nordwand in voller Eindrücklichkeit dar.

Um uns in den unwegsamen, steil zum Zmuttbach abfallenden Hängen nicht zu verirren, bleiben wir auf unserem gut sichtbaren Pfad. Im Abstieg über Arben überblicken wir die riesigen Moränenfelder des Zmuttgletschers. Unter dem Gletschertor fliesst der Zmuttbach durch breite Becken, bevor er teilweise über eine Pumpstation in den Lac de Dix geleitet wird. Rechts öffnet sich die Arbengandegge mit dem Arbengletscher unter dem Ober Gabelhorn.
Unser Weg senkt sich zu den Moränenfeldern des ***Zmuttgletschers.*** Wir stossen auf den alten Handelsweg, der von Zermatt über Zmutt zum Col d'Hérens und weiter nach Sion führt. Wir folgen ihm in östlicher Richtung talauswärts, um über Chalbermatten und ***Zmutt*** nach ***Zermatt*** zurückzukehren. Verschiedene Hinweise zu diesem Weg finden sich in Route 18.

18 Der alte Handelsweg durchs Zmutttal

7h Zermatt–Zmutt–Schönbielhütte SAC–Stafelalp–Zermatt

Der Weg ins Zmutttal führt uns an der Nordwand des Matterhorns vorbei in eine unermessliche Gletscher- und Moränenlandschaft. Im Hintergrund des Tales folgen wir auf einer langen Strecke dem Scheitel der Gletschermoräne. Der Rückweg bringt uns zuunterst, vor dem Gletscher, auf die rechte Talseite.

Wir ziehen durch die Ferienstadt ***Zermatt*** auf der autofreien Hauptstrasse dem Matterhorn zu. Im südlichen Dorfteil, nach der Pfarrkirche, treffen wir noch alte Bauten an, die an die ehemalige Bauernsiedlung erinnern. Bei den letzten Häusern zweigen wir rechts zum Weiler Zmutt ab. Links unter uns rauscht die Matter Vispa, die sich knapp vor uns aus dem Zusammenfluss des Zmuttbachs, der Gornera und des Findelbachs bildet. Im gemächlichen Aufstieg durch sattgrüne Wiesen bewundern wir die eleganten Linien des Matterhorns.

Am Hang über Zmutt wandern wir auf einem gemütlichen Bergweg westwärts ins langgestreckte Zmutttal. Nach kurzer Zeit stehen wir über einem Staubecken, das von einer hohen Mauer abgeschlossen wird. Hier sammelt die Grande Dixence einen Teil des Wassers aus dem Raum Zermatt und pumpt es durch ein weitläufiges Stollensystem zum Stausee im Val de Dix. Wir ergötzen uns an Murmeltierpfiffen und bewundern die bunten Bergblumen. Hinter Bodmen und dem Gasthaus von Chalbermatten finden wir uns in einer gewaltigen Moränenland-

DAS ZMUTTTAL, ein einzigartiges Hochgebirgstal, zieht sich vom Col d'Hérens (Eringpass) über nahezu 15 km ostwärts nach Zermatt. Im Hintergrund des Tales vereinigen sich der Schönbiel-, der Stockji- und der Tiefmattengletscher zum langgezogenen Zmuttgletscher. Von der Römerzeit bis weit ins Mittelalter hinein verlief ein wichtiger Handelsweg durch das Tal. Dieser verzweigte sich beim später vom Gletscher überfahrenen «Dorf zu den tiefen Matten»: Südwärts ging es über den Col de Valpelline, westwärts über den Col d'Hérens und nordwärts über den Col Durand. Durch ein Gelübde verpflichtet, unternahm der Pfarrer von Zermatt alljährlich mit acht Männern eine Wallfahrt über den Col d'Hérens nach Sion, die 15h beanspruchte. Der Vorstoss der Gletscher machte den Weg derart schwer begehbar, dass die Zermatter im Jahr 1666 gegen ein Entgelt von dieser Verpflichtung befreit wurden.

Bei Pt. 1705 zweigt links ein Weg über den Zmuttbach nach dem Weiler Zum See ab. Das Kleine Matterhorn überragt den südlichen Felseinschnitt. Nach dem Weg durch den Hubelwald öffnet sich vor uns ein breites Wiesenplateau mit dem alten Weiler ***Zmutt.*** Ein Barockaltar ziert die 1797 entstandene Kapelle. Das «Weisse Haus» in Zmutt wurde 1595 als Herberge am einst wichtigen Handelsweg erbaut.

schaft. Links begleitet uns die mächtige Nordwand des Matterhorns. Eine von einem Wasserlauf überströmte Felswand zwingt uns rechts zu einem kurzen Steilaufstieg. Unter den Arben, bei Pt. 2327, stehen wir vor dem ***Zmuttgletscher.*** Rechts öffnet sich das Tälchen des Arbenbachs, das über dem Arbengletscher von den Gabelhörnern und vom Arbenhorn überragt wird. Hinter einem Moränenwall überqueren wir den Arbenbach und finden, unter dem Hohwäng hindurch, ebenhin den Pfad zum kleinen Moränensee vor den Hohle Bielen. Rechts überragen die Ausläufer des Hohwänggletschers die steilen Felswände. Im Hintergrund der Hohle Bielen steigen wir links auf den langgezogenen Scheitel der seitlichen Gletschermoräne.

Gasthaus unterwegs
Restaurant Z'Mutt, 3920 Zermatt
✆ 027 / 967 27 10
Restaurant Kalbermatte, 3920 Zermatt
✆ 077 / 28 02 66
Schönbielhütte SAC, 3920 Zermatt
✆ 027 / 967 13 54
Restaurant Stafelalp, 3920 Zermatt
✆ 027 / 967 30 62
Restaurant Zum See, 3920 Zermatt
✆ 027 / 967 20 45

Sektion Monte Rosa des SAC, welche 80 Personen Platz bietet, geht auf das Jahr 1875 zurück. Unterwegs haben wir den Hörnligrat und die Nordwand des Matterhorns bewundert; jetzt stehen wir vor dem eher fremd wirkenden Zmuttgrat. Ein riesiger vergletscherter Felsbossen verdeckt den untern Teil der wohlgeformten Pyramide. Rechts des Gipfels wandert der Blick am Bivacco Benedetti vorbei zur Dent d'Hérens und zur Tête de Valpelline. Im Westen folgen sich die Gletscherpässe Col de Valpelline, Col de la Tête Blanche, Col d'Hérens und Wandfluejoch. Im Osten blicken wir über den Kessel von Zermatt zum Findelgletscher, der vom Rimpfischhorn und vom Strahl-

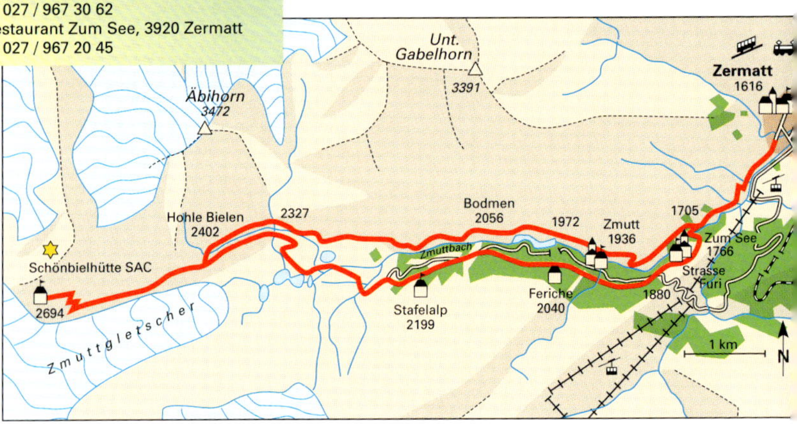

Zuerst bringt uns eine luftige Gratwanderung, danach ein Weidpfad zur weithin sichtbaren ***Schönbielhütte SAC.*** Die mehrmals erweiterte Schönbielhütte der horn überragt wird. Rechts, über dem Gebirgszug des Gornergrats und des Stockhorns, schliessen sich die Gipfel der Monte-Rosa-Gruppe an.

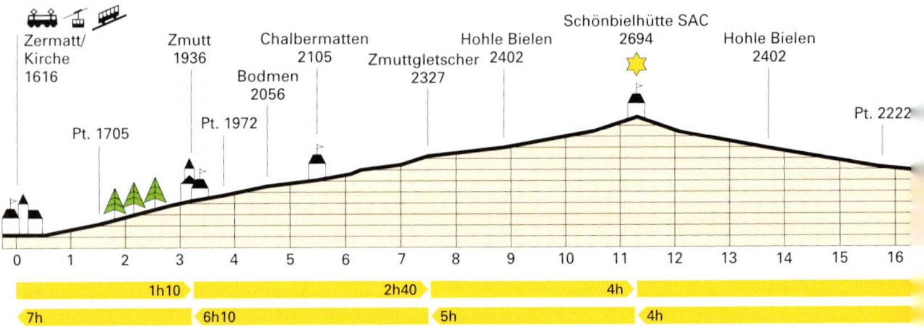

Für die Heimkehr benutzen wir bis zu den Hohle Bielen den Aufstiegsweg. Bis zum Arbenbach gehen wir geradeaus auf der Moränenpiste. Hier steigen wir mit der Piste rechts vom Moränengrat ab und überqueren das breite Schuttfeld, das der Zmuttgletscher nach seinem Rückzug hinterlassen hat. Über dem Zmuttbach, an der grossen Pumpstation Stafel vorbei, stossen wir an den Gegenhang, an dem uns ein breiter Weg talauswärts zum Berggasthaus auf der ***Stafelalp*** leitet. Nach der Lichtung im Lärchenwald senkt sich der Weg talauswärts, oberhalb der Alpweiler Stafel und Biel hindurch, zur Talstation einer Kraftwerk-Seilbahn im Jost. Vom Fahrsträsschen können wir rasch wieder rechts auf den bescheideneren Weg abzweigen. An der Schaltstation Feriche vorbei durchwandern wir die Inneri Wälder.

Unter dem Bielti kreuzen wir nochmals das Fahrsträsschen, das uns in wenigen Schritten zur Seilbahnstation Furi bringen könnte. Wir benutzen jedoch, Zermatt vor Augen, den steingepflasterten Alpweg zum Weiler ***Zum See,*** der uns mit seinem dunkelbraunen Holzhäusern besticht. Wir halten uns links und finden im Lärchenwald den Weg über den Zmuttbach. Bei Pt. 1705 stösst er auf unseren Aufstiegsweg. Rasch sind wir wieder in ***Zermatt*** am Ausgangspunkt unserer Wanderung.

Das Dörfchen Zmutt überwacht auf einem breiten Wiesenplateau den Eingang ins langgezogene Zmutttal. Weiter taleinwärts wurde das Dorf Tiefenmatten vom Zmuttgletscher überfahren. Von Zmutt und Tiefenmatten aus führten Saumwege über den Theodulpass und den Col de Valpelline nach Süden, über den Col d'Hérens nach Westen und über den Col Durand nach Norden. 1595 entstand in Zmutt das «Weisse Haus» als Herberge für die Reisenden.

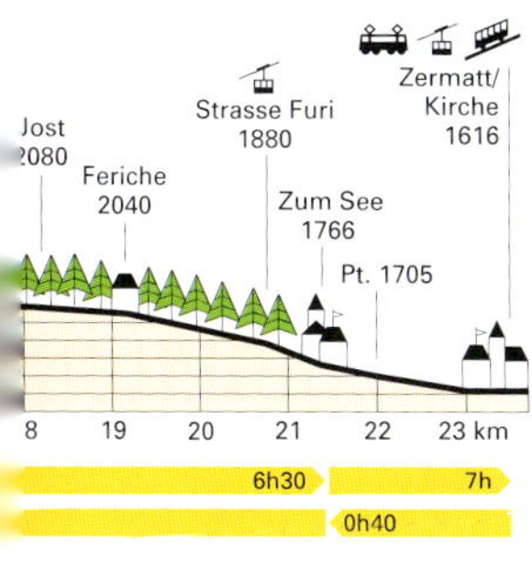

19 Ein Tor zum Süden

5h50 Zermatt–Trockener Steg–Gandegg–Theodulpass (–Zermatt)

Der bereits in vorchristlicher Zeit bekannte Weg über den Theodulpass stellte im Mittelalter eine wichtige Verbindung nach Italien dar. Der Abschnitt zwischen der Gandegg und der Passhöhe erfordert die Traversierung des Oberen Theodulgletschers. Diese Gletscherwanderung kann nur bei klarer Sicht unter Führung erfahrener Berggänger empfohlen werden.

Wir verlassen ***Zermatt*** in Richtung Matterhorn und folgen westlich des Zmuttbachs etwa 1 km dem Weg nach Zmutt. Vor uns bewundern wir die gestochen klaren Konturen des Matterhorns.
Bei Pt. 1705 taucht der Weg in den Wald ein. Wir zweigen links ab, überqueren den Zmuttbach und steigen zum Weiler ***Zum See*** auf. Obwohl wir in einer typischen Walliser Berg-Kulturlandschaft wandern, empfinden wir die Urtümlichkeit dieser Hochgebirgsregion. Wir gehen südwestwärts weiter und überqueren das Strässchen, das von der nahen Seilbahnstation Furi ins Zmutttal führt. Kurz danach verlässt uns der Fussweg zur Stafelalp. Wir steigen links im Waldschatten empor zum Gasthaus ***Hermettji,*** wo wir uns den Ausblick aufs Breithorn und den mächtigen Gornergletscher gönnen.

DER THEODULPASS. Der Weg von Zermatt über den Theodulpass nach Italien ist ein uralter Verkehrs- und Handelsweg. In der Nähe der Passhöhe wurden ein guterhaltenes neolithisches Beil aus Grünstein und römische Münzen aus der Zeit um Christi Geburt gefunden. Der Übergang ins südliche Augsttal (Aostatal) hiess früher Augstpass. Den heutigen Namen Theodulpass hat er vom hl. Theodul oder Joder, dem ersten Walliser Bischof. Eine Sage erzählt, dass dieser im 4. Jh. vom Papst in Rom eine Glocke als Geschenk erhielt. Auf seiner Rückreise ins Wallis soll ihn der Teufel mitsamt der Glocke über den Pass getragen haben. Im Jahr 1291 war Prato Borno, wie Zermatt damals hiess, am Friedensvertrag von Saas Almagell beteiligt. In diesem Vertrag wurde der Verkehr zwischen den Tälern um den Monte Rosa geregelt. 1381 wurde der Vertrag für die Benutzung der Pässe erneuert. So dienten sie den Walsern während Jahrhunderten für den weiträumigen Kontakt im Alpenraum. Später zogen die Zermatter über den Theodulpass auf die italienischen Märkte. Der Ausbau des Simplonpasses im 17. Jh. und der Vorstoss der Gletscher schmälerten seine Bedeutung. Heute ist der Theodul ein beliebtes Ziel für Wanderer, Bergsteiger und Skifahrer.

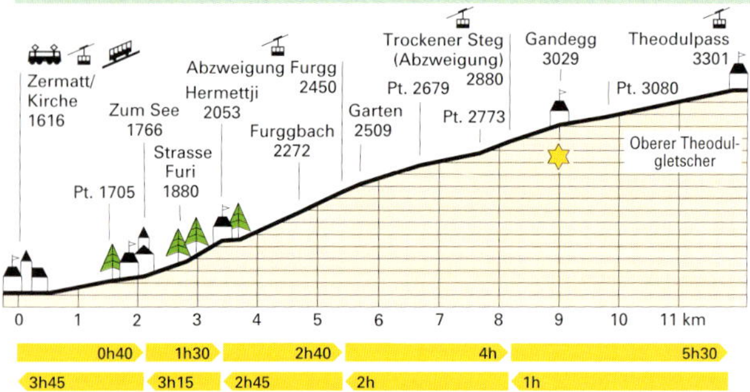

Oberhalb des Gasthauses zweigen wir links vom Schwarzsee-Weg ab und durchschreiten ebenhin den Wald. Bald danach beginnt der Aufstieg über den Schafberg, und wir tauchen ins Tälchen des Furggbachs ein. Nach der Bachquerung kreuzen wir einen gutausgebauten Weg, der Zermatt mit der Seilbahnstation Furgg verbindet. Im Aufstieg zum Garten erkennen wir rechts ganz in der Nähe die Seilbahnstation Furgg. Südwärts gewinnen wir auf einem guten, gleichmässig steigenden Weg in der Nähe grosser Seilbahnen die Höhe der «Lichenbretter», die ihren Namen einer Sage verdanken. Auf dem Theodul soll es zwischen den Wallisern und den Piemontesen zu einer blutigen Schlacht gekommen sein. Die Toten waren so zahlreich, dass in den Felsen keine Grabstätten für sie gefunden werden konnten. So nannten die siegreichen Walliser die Kampfstatt «Lichenbretter», weil die Gerippe der Toten dort noch lange zu sehen waren. 1985 stiessen Archäologen in dieser Gegend auf Funde, deren Ursprung ins Neolithikum (5000–2000 v.Chr.) zurückgeht. Vermutlich suchten die damaligen Menschen in diesen Höhen geeignete Materialien, so z.B. Grünstein, um Geräte für ihren Lebensunterhalt herzustellen.

Rasch erreichen wir die Höhe des ***Trockenen Stegs.*** Wir erkennen die grosse Station der Seilbahnkette, die von Zermatt über Furi und Furgg in diese Höhen führt und dabei ein riesiges, ganzjährig nutzbares Ski- und Wandergebiet erschliesst. Wer mühelos Höhen von 3800 m erreichen will, vertraut sich hier der Luftseilbahn aufs Kleine Matterhorn an. Wir steigen weiter zur Gandegg, welche sich als riesiger Felssporn zwischen dem Oberen und dem Unteren Theodulgletscher nach Süden vorschiebt. Umgeben von grossen Gletscherflächen, bewundern wir die einzigartige Bergwelt.

Die Gandegghütte, ein von Privaten geführtes Berghaus, wird erst im letzten Moment sichtbar. Für die Traversierung des Oberen Theodulgletschers folgen wir zunächst südwärts dem Felsgrat. Auf dem Gletscher weisen uns verschiedene Skilifte den Weg nach Süden. Über das beeindruckende Eismeer erreichen wir, links am Theodulhorn vorbei, die Höhe des ***Theodulpasses.***

Auf der italienischen Seite des Passes erwartet uns das Rifugio del Théodule CAI. Wir bewundern den Bergkessel am Südhang des Matterhorns (Monte Cervino). Ein Fussweg senkt sich westwärts zur Seilbahnstation Plan Maison und weiter zum grossen Ferienort Breuil (Cervinia) im Hintergrund des Valtournanche. Südwärts können wir in einem kurzen Aufstieg die Testa Grigia erreichen, welche mit einer Seilbahn direkt mit der Stazione di Plan Maison verbunden ist. Wer nicht auf die italienische Seite wechseln will, kann zu Fuss oder vom Trockenen Steg aus mit der Seilbahn via Furi nach ***Zermatt*** zurückkehren.

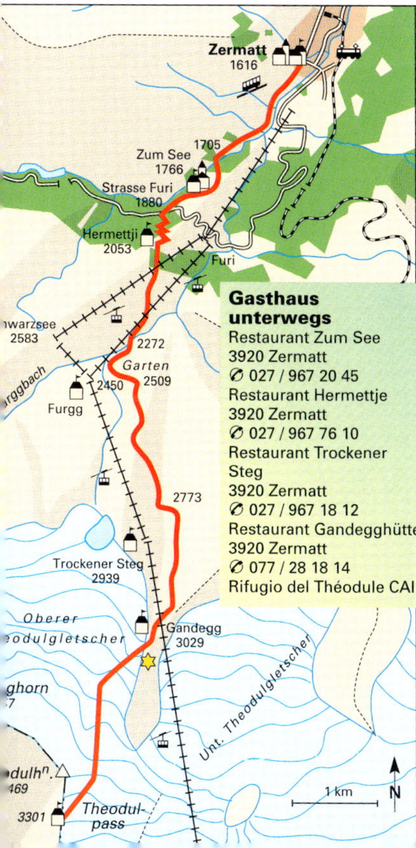

Gasthaus unterwegs

Restaurant Zum See
3920 Zermatt
✆ 027 / 967 20 45

Restaurant Hermettje
3920 Zermatt
✆ 027 / 967 76 10

Restaurant Trockener Steg
3920 Zermatt
✆ 027 / 967 18 12

Restaurant Gandegghütte
3920 Zermatt
✆ 077 / 28 18 14

Rifugio del Théodule CAI

20 Zermatt–Riffelalp–Riffelberg–Gornergrat

4h30 Zermatt–Riffelalp–Riffelberg–Gornergrat

Die 1896–1898 erbaute Zahnradbahn auf den Gornergrat überwindet bei einer Horizontaldistanz von 5 km eine Höhendifferenz von 1500 m. Jeden Sommer wählen Hunderttausende den Gornergrat als Reiseziel, um die einzigartige Aussicht zu geniessen.

Bei der Pfarrkirche oder am Südausgang des Dorfes ***Zermatt*** überqueren wir die Matter Vispa und wandern zum Ortsteil Winkelmatten, der heute mit Zermatt zusammengebaut ist. Wir werfen einen Blick in die 1607 errichtete, der Heiligen Familie gewidmete Kapelle. Ein schmiedeisernes Gitter trennt den Barockaltar vom Gebetsraum.
Im Osten öffnet sich die Findelschlucht, die von einer dreifeldrigen Stahlfachwerkbrücke der Gornergratbahn überspannt wird. Neben dem Strässchen überqueren wir auf einem Fussgängersteg den Findelbach und durchschreiten südwärts im Unter und Ober Moos einen herrlichen Altwald. Dabei geniessen wir erste grossartige Ausblicke aufs Matterhorn. Zuoberst auf der Lichtung, im Ober Moos, wird der Weg steiler und dreht sich links dem Hang zu. Im Aufstieg queren wir das Strässchen ins Zmutttal.

DER GORNERGRAT. Zwischen der Seilbahnstation zum Stockhorn und dem Kulmhotel steht die1950 erstellte Kapelle, die den drei Heiligen Mauritius, Theodul und Bernhard geweiht ist. Der erste ist der Schutzheilige des Landes Wallis, der zweite der Alpen und der dritte der Bergsteiger. Auf der Aussichtsterrasse der hohen Felsrippe, welche über das Hohtälli und das Stockhorn wie ein Keil in die Eismasse der Gletscherriesen vordringt, geniessen wir einen unvergleichlichen Ausblick. Den Westen beherrscht die einmalige Pyramide des Matterhorns, die sich gerne in einen Nebelschleier hüllt. Rechts folgt die Gipfelkette mit dem Obergabelhorn, dem Zinalrothorn und dem 4505 m hohen Weisshorn. Weit im Norden begrenzen die Berner Alpen mit der Blüemlisalp und dem Bietschhorn den Horizont. Im Nordosten, über dem Unter- und Oberrothorn, bestechen die Riesen der Mischabelgruppe mit dem Hohberghorn, dem Dom, dem Täschhorn und dem Alphubel. Über dem Grat zum Stockhorn stehen das Rimpfischhorn und das Strahlhorn. Im Südosten über dem Grenzgletscher erhebt sich die Monte-Rosa-Gruppe mit dem Nordend und der Dufourspitze, den höchsten Erhebungen der Schweiz. Rechts schliesst sich der Kreis über Höhen und Tiefen zum Matterhorn.

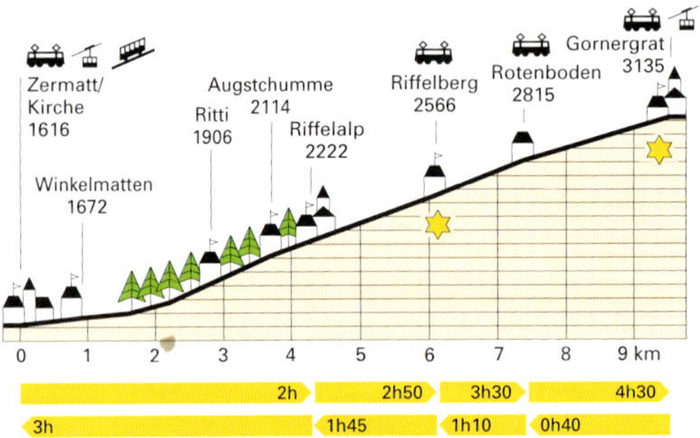

1898 überquerte erstmals ein Personenzug der Gornergratbahn die tiefeingeschnittene Schlucht des Findelbaches. Seit dieser Zeit wird das Wasser des Findelbachs für den elektrischen Antrieb der Bahn genutzt.

Gasthaus unterwegs
Restaurant Ritty
3920 Zermatt
✆ 027 / 967 14 82
Hotel Riffelalp
3920 Zermatt
✆ 027 / 966 46 46
Restaurant Riffelalp
3920 Zermatt
✆ 027 / 967 21 14
Hotel Riffelberg
3920 Zermatt
✆ 027 / 966 65 00
Restaurant Riffelberg
3920 Zermatt
✆ 027 / 966 65 09
Kulmhotel Gornergrat
3920 Zermatt
✆ 027 / 967 77 66

Oberhalb des Berggasthauses auf der Ritti leitet uns der Weg erstmals ans zahnradbestückte Trassee der Gornergratbahn, die unter uns in einem Tunnel verschwindet. Bei der nächsten Waldlichtung, der Augstchumme oder Unteren Riffelalp, erfreuen wir uns an urchigen Alphütten.
Die letzten Schritte im harzigen Duft der Arven und Lärchen führen uns hinauf zum Berghaus ***Riffelalp.*** Das von Vater Alexander Seiler 1884 errichtete bedeutende Hotel wurde 1961 ein Raub der Flammen. Nur die beiden Nebengebäude sowie die anglikanische und die katholische Kapelle blieben bestehen. Heute erwartet uns wieder ein gutgeführtes Berggasthaus. Rechts am Matterhorn vorbei überblicken wir das langgestreckte Zmutttal. Über dem Einschnitt des Triftbachs besticht das Zinalrothorn. Rechts davon bildet das Mettelhorn den nördlichen Abschluss des Zermatter Kessels. Durch Weiden steigen wir in die Mulde der Bodmen, die in der Höhe von den Schutzgalerien der Gornergratbahn durchquert wird. Nach kurzem Aufstieg halten wir uns rechts an den bescheidenen Fussweg und wechseln südwärts zum felsdurchsetzten Riffelbord. Der Weg schlängelt sich durch blumenreiche Weidenbänder zu den grossen Berggasthäusern auf ***Riffelberg.***

Im Norden liegt das Mattertal offen vor uns. Beeindruckend ist der riesige Schuttkegel, der 1991 beim Bergsturz grosse Flächen der Gemeinde Randa überdeckte. Weit im Norden hebt sich der Blick von den Bergen der Augstbordregion zum Gipfel des Bietschhorns.
In der Nähe der doppelspurig ausgebauten Gornergratbahn, welche wir nach kurzem Aufstieg vorsichtig überqueren, ziehen wir durch die Weiden des Riffelbergs. Die Bahnstation auf ***Rotenboden*** wird im nahen Südwesten vom rötlichen Riffelhorn, einem beliebten Kletterberg, überragt. Unter der Station können wir zum Riffelsee bummeln. Rechts zweigt der Weg zur Monte-Rosa-Hütte ab, die wir nach einer Hangwanderung unter dem Gornergrat und der Traversierung des Gornergletschers in 2h30 erreichen. Auf dem Weidgrat in der Nähe der Bahnlinie gewinnen wir die letzte Höhe zum weithin sichtbaren burgartigen Kulmhotel auf dem ***Gornergrat.*** Zum Schluss begleiten uns nur noch bescheidene, blumenreiche Weidepölsterchen zwischen zahlreichen Steintrümmern. Nachdem man sich satt gesehen hat, denkt man an den Abstieg. Neben dem Aufstiegsweg steht hierfür die Gornergratbahn zur Verfügung. Zudem besteht die Möglichkeit, in 3h45 am Grünsee vorbei über Findeln nach Zermatt zurückzuwandern.

21 Zu den Bergseen im Findeltälli

5h Zermatt–Findeln–Sunnegga–Flue–Riffelalp

Durch die alten Bergkulturen von Findeln gewinnen wir die aussichtsreiche Höhe der Sunnegga. Eine grossartige Höhenwanderung in einer einzigartigen Gebirgswelt leitet uns am Leisee, am Stellisee, am Grindjisee und am Grüensee vorbei zur Station Riffelalp der Gornergratbahn. Aufmerksame Fotografen finden eine Fülle von Bildmotiven.

Bei der Pfarrkirche von ***Zermatt*** überschreiten wir die Matter Vispa und wenden uns auf dem zweiten Strässchen dem Süden zu. Ein gepflasterter Fussweg führt uns zur Bergkapelle in den Winkelmatten. Sie entstand 1607 zu Ehren der Heiligen Familie. Im Osten öffnet sich das Findeltälli, dessen Eingangsschlucht von einer kühnen Stahlbrücke der Gornergratbahn überspannt wird. Wir halten dem Eingang der Schlucht zu, wo uns links ein breiter Fussweg zum Aufstieg durch den Lärchenwald einlädt. Unterwegs überschreiten wir das mit ei-

Die Bergbahnen von Zermatt. Auf der Sunnegga, vor der Bergstation der unterirdischen Standseilbahn, gibt es nicht nur die Gebirgswelt zu bewundern. Hier bietet sich ebenso ein ausgezeichneter Überblick über die Zermatter Bergbahnen. 1891 fuhr die damalige Visp-Zermatt-Bahn erstmals in Zermatt ein. Im gleichen Jahr entstand ein Projekt für eine Bahn aufs Matterhorn. Als kombinierte Seil-, Zahnrad- und Tunnelbahn sollte sie den Gipfel des Matterhorns erreichen. Diese Idee blieb glücklichgerweise eine Utopie, aber bereits 1898 erreichte der erste Personenzug den Gornergrat und somit den grossartigsten Aussichtspunkt der Alpen. Die Gornergratbahn ist die höchste vollständig offen geführte Bergbahn des Kontinents, die während des ganzen Jahres betrieben wird. Heute ist ein grosser Teil dieser Bahn doppelspurig ausgebaut, um dem grossen Ansturm der Wintergäste gerecht zu werden. Neben der Gornergratbahn erschliesst ein ganzer Kranz von Seilbahnen die Zermatter Bergwelt. Erwähnt seien die Verbindung aufs Kleine Matterhorn, die in vier Sektionen über Furi, Furgg und Trockener Steg geführt wird, die Bahn zum Schwarzsee, die Seilbahnkette vom Gornergrat übers Hohtälli zum Stockhorn sowie die Seilbahn von der Sunnegga via Blauherd aufs Unterrothorn. Einzigartig ist die erste unterirdische Standseilbahn der Alpen zwischen Zermatt und der Sunnegga, mit der wir in wenigen Minuten eine Höhe von 2200 m ü.M. erreichen.

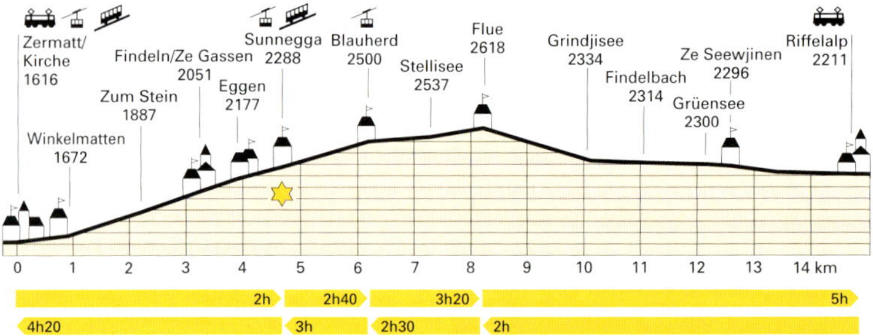

nem Zahnradgestänge ausgerüstete Bahngeleise. Bei Zum Stein geniessen wir den ersten Überblick über den grossen Talkessel von Zermatt. Darüber säumen alte Walliser Stadel auf Pfosten, die mit sogenannten Mäuseplatten versehen sind, sowie blumenreiche Wiesen und kleinste Roggenäcker den Weg durch das offene Findeltälli. Hier können auch die meisten der 300 in der Region Zermatt heimischen Schmetterlingsarten beobachtet werden. Rasch sind wir in Ze Gassen, dem ersten Weiler der klimatisch geschützten Siedlung Findeln.

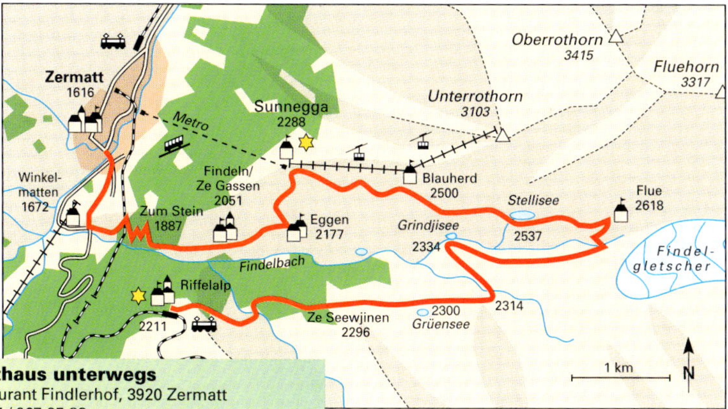

Gasthaus unterwegs
Restaurant Findlerhof, 3920 Zermatt
✆ 027 / 967 25 88
Restaurant Sunnegga, 3920 Zermatt
✆ 027 / 967 30 46
Restaurant Blauherd, 3920 Zermatt
✆ 027 / 967 35 24
Hotel/Bergrestaurant Fluhalp, 3920 Zermatt
✆ 027 / 967 25 97
Hotel Grünsee/Findelengletscher, 3920 Zermatt
✆ 027 / 967 25 53
Hotel Riffelalp, 3920 Zermatt
✆ 027 / 966 46 46
Restaurant Riffelalp, 3920 Zermatt
✆ 027 / 967 21 14

Die Kapelle trägt auf dem tuffsteinernen Türsturz die Jahrzahl 1691. Das Bild des spätgotischen Altars zeigt den hl. Jakob mit dem Wanderstab. Die holzgetäferte Decke ist mit Ornamenten geschmückt. An der Häusergruppe auf dem Bord vorbei leitet uns der Fussweg zum Weiler Eggen. Hier zweigen wir links zum Leisee ab, der sich in eine grüne Weidmulde einbettet. Nur noch wenige Schritte, und wir stehen auf der ***Sunnegga.*** Als Bergstation des unterirdischen Sunnegga-Express und als Talstation der Seilbahn nach Blauherd und weiter zum Unterrothorn hat sich die Sunnegga zu einem wichtigen Knotenpunkt für Wanderer und Skifahrer entwickelt. Auf dem vorgeschobenen Erker geniessen wir eine grossartige Sicht, die im Südwesten von der Pyramide des Matterhorns beherrscht wird.

Unser Blick hebt sich vom Talgrund zum Schwarzsee und zur Hörnlihütte und über den Hörnligrat hinauf zum eleganten, oft von feinen Nebelschwaden umhüllten Matterhorngipfel. Rechts setzt sich die Sicht über den vergletscherten Hintergrund des Zmutttals zum Obergabelhorn und zum Zinalrothorn fort. Links des Matterhorns schweift der Blick über den Theodulgletscher und das Breithorn zum Gornergrat und zum Stockhorn.
Links der Gondelbahn wandern wir den Grat hinauf; bald danach verläuft unser Bergweg rechts ebenhin zum benachbarten Tälchen. Unter der nächsten Fluh beginnt der Aufstieg nach ***Blauherd,*** der Zwischenstation der Gondelbahn aufs Unterrothorn. Knapp unterhalb der Sta-

tion zweigen wir rechts auf den Pfad ab, der uns gemütlich durch die Findelalp führt. Vor uns öffnet sich der hinterste Talkessel. Der Findelgletscher hat sich nach Osten zurückgezogen und dabei eine weite Moränenlandschaft freigegeben. Links des Gletschers wuchten sich die Berge zum Strahlhorn und zum Rimpfischhorn auf. Wir bummeln durch eine traumhaft schöne Berglandschaft, am Stellisee vorbei, taleinwärts zum weithin

Wie hier am Grüensee unter den Steilhängen des Gornergrats können wir an den Seen im Findeltälli staunen und träumen. Unter einem tiefblauen Himmel spiegelt sich die westliche Gipfelreihe der Zermatter Berge mit dem Obergabelhorn, dem Zinalrothorn und dem Weisshorn im Wasser.

sichtbaren Berggasthaus ***Flue.*** Links steigern sich zerrissene Felsbänder zum Unter- und zum Oberrothorn (Route 23). Das Berggasthaus auf der Fluealp entstand 1937 anstelle einer bereits 1881 erbauten Herberge. Von hier aus werden das Rimpfischhorn, das Strahlhorn und das Adlerhorn bestiegen. Eine hochalpine Gletschertraverse über den Adlerpass nach Saas Fee gehört zur bekannten Haute Route, eine weniger weite Hochwanderung führt über den Sattel der Pfulwe zur Täschalp. Beliebt sind Morgenwanderungen aufs Rothorn zum Genuss des Sonnenaufgangs.

In allmählichem Abstieg wechseln wir südwärts auf den Moränenkamm, der rechts sanfte Weiden und links karge steile Schutthänge aufweist. Die Erosion drückt den Gratweg immer mehr nach rechts. Das Matterhorn vor Augen, ziehen wir westwärts in die Tiefe. Der Gratweg mündet in ein Natursträsschen, das uns in grossem Bogen über dem Grindjisee zum Findelbach mit seinem milchiggrauen Gletscherwasser leitet. Hier stehen wir in einer riesigen Moränenmulde. Am Gegenhang zweigen wir vom Natursträsschen links auf den bescheidenen Bergpfad ab. Dieser bringt uns fast ebenhin durch den obersten Waldbewuchs an den idyllischen Grüensee. Den Westgrat dominieren das Obergabelhorn, das Trifthorn und das Zinalrothorn. Das Weisshorn nimmt den Nordwesten ein. Geradeaus überschreiten wir wieder das Natursträsschen, das hinauf zum Riffelboden führt. Unser Weg senkt sich bei Ze Seewjinen, am «Bärghüs Findelgletscher» vorbei, durch Geröllhänge in den Lärchenwald. Rechts zweigen Wege an den Gegenhang nach Findeln und hinunter nach Zermatt ab. Knorrige Arven säumen den Weg. Beim Balmbrunnen durchziehen wir eine breite Weidmulde.

Den letzten Abschnitt unserer Route zur Station ***Riffelalp*** der Gornergratbahn finden wir auf Galerien, die im Winter den Skifahrern als sichere Piste dienen. In der Tiefe überblicken wir die Feriensstadt Zermatt. Für die Heimkehr nach ***Zermatt*** stehen uns die Gornergratbahn, der klassische Gornergratweg (Route 20) oder ein steiler Waldweg zur Verfügung, der direkt bei der Station Riffelalp rechts in die Tiefe fällt. Ein breiter Waldweg bringt uns rasch zum nahen Berggasthaus Riffelalp.

22 Zum grossen Mischabelblick

5h40 Zermatt–Tufteren–Ober Sattla–Täschalpen–Täsch

Für die Wanderung durch die Üsseren Wälder zur blumenreichen Alp Tufteren stehen uns verschiedene Wege offen. Der Aufstieg zur Ober Sattla öffnet uns eine einzigartige Aussicht zu den Gipfeln der Mischabelgruppe. Wir steigen durchs Tälchen der Täschalpen nach Täsch im Grund des Mattertals ab.

Bei der Kirche von ***Zermatt*** folgen wir der Strasse über die Matter Vispa und wenden uns vor dem östlichen Berghang in den Steinmatten talauswärts. Nach der Unterquerung der Gornergratbahn übernimmt uns bei Oberhüseren ein breites Natursträsschen, auf dem wir gemächlich in weiten Schlaufen über Haueten und Ried, an der Patrullarve vorbei, zur Alp ***Tufteren*** aufsteigen können.

Rascher geht es, wenn wir etwa 1 km nach der Unterquerung der Gornergratbahn, knapp vor Haueten, rechts auf den steileren Waldweg abzweigen. An den Lichtungen von Meiggeren und Tiefenmatten vorbei finden wir uns vor der Patrullarve wieder auf dem breiten Natursträsschen. Rasch zweigen wir nochmals rechts ab. Im Waldaufstieg zur Alp Tufteren queren wir oberhalb der Station Patrullarve die

TÄSCH. Ursprünglich soll das Dorf Täsch weiter nördlich, an der Stelle des gewaltigen Schuttkegels namens Täschgufer, gestanden haben. Es wurde von einem Bergsturz aus den wilden Leiterspitzen, den Ausläufern des Täschhorns, verschüttet. Der Sage nach zeigt eine Quelle aus dem Täschgufer die Lage des Altars der damaligen Kirche an. Eine weitere zerstörte Siedlung vermutet man am Ausgang des Schalikin am Fuss des gegenüberliegenden Talhangs. So ist das heutige, erstmals 1302 in einer Urkunde erwähnte Dorf die dritte Siedlung der zähen Täscher, die sich immer wieder vor Lawinen, Bergstürzen und Überschwemmungen schützen mussten. Eigenartigerweise gehörte Täsch mit Randa bis zum Loskauf und zum Anschluss an Visp im Jahr 1552 zum Zenden Brig. 1423 entstand in Täsch die erste Kirche mit einem eigenartigen Kirchturm. Bei der Erneuerung und Vergrösserung der Kirche im Jahr 1938 wurde der alte Kirchturm, der drei Bauetappen aufweist, unverändert beibehalten. Die öffentlich befahrbare Talstrasse endet in Täsch. So bildet das moderne Täsch mit grossen Parkplätzen und einer belebten Station der Zermattbahn BVZ einen wichtigen Umschlagplatz für Zermatt, das nur mit der Bahn erreicht werden kann.

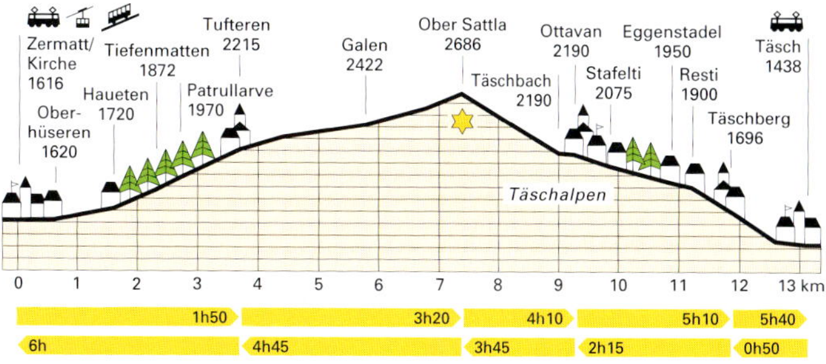

Von Tufteren führen uns herrliche Höhenwege ebenhin oder über die Ober Sattla zur Täschalp. Rechts vor dem Matterhorn kerben sich das Zmutttal und das Tälchen des Triftbachs ins Gebirgsmassiv ein, dazwischen wellen sich die aussichtsreichen Höhbalmen (Route 17).

Skipiste unter der Sunnegga. Den bequemsten Weg bietet die unterirdische Standseilbahn zur Sunnegga, die durch einen gutangelegten, nahezu ebenhin verlaufenden Höhenweg mit Tufteren verbunden ist (Route 23). In Tufteren erwartet uns neben alten Häusern und Ställen ein angenehmes Berggasthaus.

Von Tufteren führen zwei Wanderwege auf die Täschalpen; der untere, gemütlichere Weg, der auf 2100–2300 m verläuft, wurde 1974 eröffnet. Wir wählen den oberen Weg über die ***Ober Sattla.*** Er belohnt die grössere Mühe mit der prächtigeren Aussicht. Beide Wege führen zuerst gemeinsam in leichtem Anstieg talauswärts, bis sie sich vor Galen in einer Weidmulde trennen. Im Aufstieg ist der Pfad durch grosse Weidflächen und durch karge steile Schutthänge durchgehend sicher angelegt. Oberhalb der Lawinenverbauungen von Täsch erreichen wir auf der Ober Sattla, am Grat zwischen dem Mattertal und dem Tälchen der Täschalpen, einen einzigartigen Aussichtspunkt. Wir geniessen den Ausblick zum westlichen Mattertal mit der Bergkette vom Matterhorn übers Obergabelhorn bis zum Weisshorn. Auf dem Höhepunkt des Weges wuchten sich überraschend die Riesen der Mischabelgruppe mit dem Täschhorn und dem Dom (4545 m) vor uns auf. Links über dem Dorf Randa erkennen wir die Abbruchstelle des Bergsturzes, der 1991 im Talgrund einen riesigen Schuttkegel auftürmte. Fern im Norden dominiert das stolze, einer gezackten Pyramide gleichende Bietschhorn.

Der Weg von der Ober Sattla hinunter zu den Täschalpen durchzieht in weiten Schlaufen grasreiche Weiden. Am Gegenhang erkennen wir den Weg zur Täschhütte und die Hütte selbst, rechts davon das Rimpfischhorn und den Allalin. Im Talgrund können wir, ohne den Täschbach zu überqueren, am linken Talhang talauswärts ziehen. Über dem Mattertal scheiden sich die Wege. Nahezu ebenhin bringt uns der obenerwähnte Weg nach Tufteren und zur Sunnegga zurück. Rechts fällt ein Weg hinunter nach

Walden, wo wir nach Täsch absteigen oder über die Schlangengruebe nach Zermatt zurückkehren können. Ebenso angenehm ist es, den Täschbach zu überqueren und am Gegenhang die Alpsiedlung ***Ottavan*** im Herzen der Täschalp zu besuchen. Hier bestand bereits 1889 ein erstes Gasthaus, das bis zum Bau der Täschhütte den Berggängern als Nachtlager diente. Nachdem im Winter 1915/16 eine Lawine die Alpkapelle zerstört hatte, wurde 1922 das Gotteshaus in Bruchsteinmauerwerk neu aufgerichtet. Die Figur des auferstandenen Christus in behauenem Glas schmückt den Innenraum.

Für den Abstieg am rechten Talhang zweigen wir oberhalb des neuen Berggasthauses links auf den Fussweg ab. Wir folgen ihm zuerst am rechten Ufer des Täschbachs; unterwegs wechseln wir ans Gegenufer. Auf der Höhe der braungebrannten Ställe im Stafelti kehren wir ans rechte Ufer zurück. Direkt nach der Brücke übernimmt uns links ein angenehmer Fussweg. Wir erfreuen uns an den farbenprächtigen Küchenschellen. Der oft ungestüme Täschbach wird von schweren Betonbauwerken gebändigt. Unterhalb der dem Zerfall preisgegebenen Gebäude im Eggenstadel versinkt der Täschbach in eine tiefe, steil abfallende Schlucht. In der Resti stossen wir auf das Fahrsträsschen zur Täschalp. Wer beim weiteren Abstieg nicht den weiten Strassenschlaufen folgen will, findet immer wieder Einstiege in den bescheidenen, zeitweise recht steilen Fussweg. Die Magerwiesen prunken mit einer vielfältigen Blumenpracht. Unter uns liegt der Talgrund von Täsch mit seinen grossen Parkplätzen. Das Bett der Mattervispa, die Bahn und die Strasse beanspruchen einen ansehnlichen Teil des breiten Talbodens. Im Hintergrund des Mattertals ist die Bergstadt Zermatt von einem eindrücklichen Gipfelkranz umringt. Rechts überragt die Spitze des Matterhorns den dunklen Berggrat.

Bei den Häusern im ***Täschberg*** stossen wir nochmals auf eine Schlaufe des Fahrsträsschens. Die 1872 erbaute Marienkapelle ersetzte einen Vorgängerbau aus dem Jahr 1672. Direkt vor der Kapelle finden wir den Fussweg, der uns nach Täsch bringt.

Am Ausgang der Schlucht, unter der kleinen Zentrale des Kraftwerkes Täschbach, schauen wir den alten Dorfteil etwas genauer an. Zwischen kleinen Kartoffeläckern und Hausgärten stehen alte vier- bis fünfgeschossige Holzhäuser, die mit schweren Steinplatten gedeckt sind. Nur noch ein paar Schritte, und wir befinden uns im modernen Dorf ***Täsch,*** bei der Station der Zermattbahn BVZ oder auf den grossen Parkplätzen.

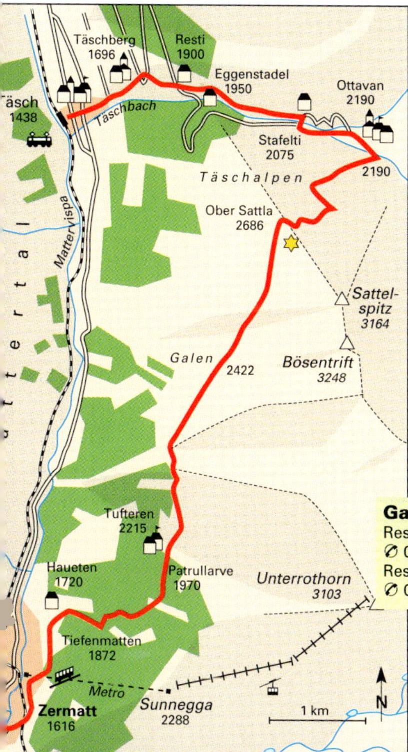

Gasthaus unterwegs
Restaurant Tufternalp, 3920 Zermatt
✆ 027 / 967 54 95
Restaurant Täschalp, 3929 Täsch
✆ 027 / 967 23 01

23 Zwischen Matterhorn und Dom, Weisshorn und Dufourspitze

5h50 Sunnegga–Blauherd–Oberrothorn–Tufteren–Sunnegga

Der Sunnegga-Express, eine unterirdisch angelegte Standseilbahn, überwindet von Zermatt aus in wenigen Minuten eine Höhendifferenz von 700 m. Auf der Sunnegga öffnet sich ein weitläufiges Ski- und Wandergebiet. Ein problemloser Weg erschliesst auf dem Oberrothorn eine Aussicht, die mit dem Rundblick auf dem Gornergrat durchaus wetteifern kann.

Auf der ***Sunnegga*** lassen wir uns von der mächtigen Pyramide des Matterhorns zwischen dem Theodul und dem Zmutttal beeindrucken. Links der Gondelbahn zum Blauherd wählen wir den Gratweg; beim ersten Gefällsbruch wechseln wir rechts unter der Bahn hindurch an den Hang des Findeltällis. Hoch über den Dächern des Bergweilers Findeln durchziehen wir die blumenreiche Findelalp. Am Gegenhang beachten wir die Seilbahnkette vom Gornergrat übers Hohtälli zum Stockhorn. In einer Hangmulde steigen wir zur Seilbahnstation Blauherd hinauf. Kurz davor verlässt uns rechts der Weg zum Stellisee und zur Flue (Route 21). Am Berggasthaus und an Skiliftstationen vorbei steigen wir auf einer breiten Naturpiste bergwärts. Links über uns schwebt die Grosskabinenbahn zum Unterrothorn. Während des Aufstiegs durchs Rote Wäng überblicken wir das Findeltälli mit dem Stellisee. Am Gegenhang ziert der Grüensee den Weg zur Riffelalp. In der Fallinie zum Stellisee beginnt der steile Aufstieg durch den Rote Bodmen, wo Schafherden sömmern. Der Weg wendet sich nordwärts

Höhen und Tiefen der Vispertäler. Das Gebiet der Vispertäler mit dem eigentlichen Vispertal zwischen Stalden und Visp, dem Mattertal und dem Saastal bildet mit einer Fläche von 835 km² den grössten Bezirk des Wallis. Ein Drittel dieses Gebietes ist von ewigem Firn bedeckt. Mit dem Dom, der Dufourspitze und dem Weisshorn erreicht der Bezirk Visp die grössten Höhen der Schweiz. Fast jedes Dorf steht vor weissen Gipfeln. Die Berge erhalten ausserordentlich hohe Niederschlagsmengen in Form von Schnee; im Gegensatz dazu regnet es in den abgeschirmten Tälern weniger als sonst irgendwo in der Schweiz. Vom Grund bis zum Grat lassen sich Höhenunterschiede von rund 4000 m feststellen, liegt doch der Bezirkshauptort Visp auf 651 m ü.M., während die Dufourspitze an der südlichen Bezirksgrenze eine Höhe von 4634 m aufweist.

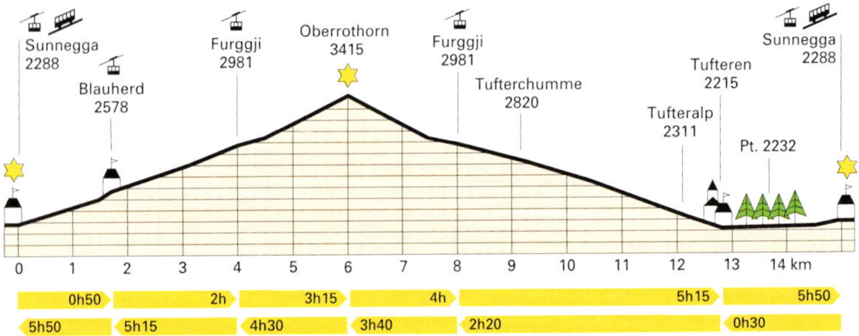

dem ***Furggji*** zu, dem Sattel zwischen dem Unter- und dem Oberrothorn. Hier trennen sich die Wege: Links könnten wir in 20 Min. zum Unterrothorn mit der Bergstation der Seilbahn und einem Berggasthaus aufsteigen; unser Weg hingegen senkt sich geradeaus durch die Tufterchumme nach Tufteren.
Wir zweigen vor dem Furggji zuerst rechts ab und queren gemächlich den Südhang unter dem Oberrothorn. Der Weg wechselt zu einem Zickzack und taucht in eine Geländemulde ein. In Höhen über 3000 m staunen wir über die zahlreichen Blumenpölsterchen mit verschiedenen Blau-, Rot- und Violetttönen. Auf dem Gipfel des ***Oberrothorns,*** 300 Höhenmeter über dem Gornergrat, lassen wir uns vom Ausblick in eine unermessliche Bergwelt faszinieren. Über das Unterrothorn hinweg schweift der Blick zum Matterhorn. Rechts folgt der Grat vom Obergabelhorn über das Zinalrothorn zum Weisshorn. Darunter öffnet sich das Tälchen der Tufterchumme. Den Norden und Nordosten krönen die Gipfel der Mischabelgruppe mit dem Täschhorn, dem Dom, dem Alphubel und dem Allalinhorn. Über dem Gornergrat beherrschen die Riesen der Monte-Rosa-Gruppe mit der Dufourspitze das Blickfeld.

Auf dem Weg zum Oberrothorn, in Höhen über 3000 m, wandern wir in unverfälschter Natur.

Gasthaus unterwegs
Restaurant Sunnegga, 3920 Zermatt
✆ 027 / 967 30 46
Restaurant Blauherd, 3920 Zermatt
✆ 027 / 967 34 24
Restaurant Rothorn, Unterrothorn, 3920 Zermatt
✆ 027 / 967 26 75
Restaurant Tufternalp, 3920 Zermatt
✆ 027 / 967 54 95

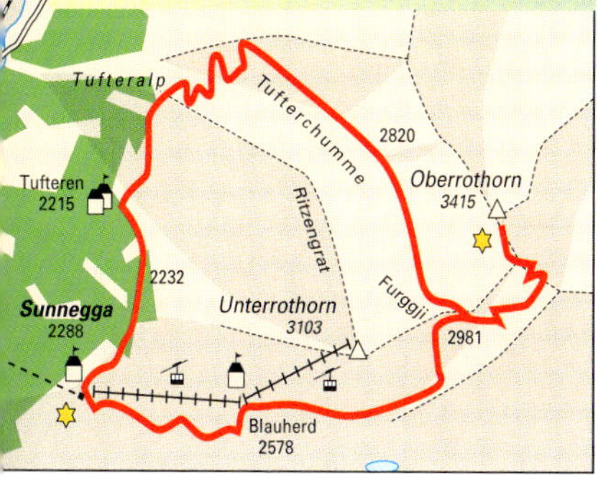

Wir kehren auf dem Aufstiegsweg zum ***Furggji*** zurück und tauchen nordwärts ins Tälchen der Tufterchumme ein. Ein breiter Flurweg führt uns am rechten Hang, der steil vom Oberrothorn abfällt, talauswärts. Im mittleren Tal bedecken steinige Überreste eines versiegten kleinen Bergsees den breiten Boden. Am Ausgang bewundern wir direkt vor uns die Formen des Weisshorns. In breitflächigen Weiden dreht sich unser Weg, der unterwegs bescheidener geworden ist, nach Südosten. Die Bergstadt Zermatt im Blick, stossen wir in der Tufteralp auf den Höhenweg, der Zermatt über Tufteren mit der Täschalp verbindet (Route 22). Wir folgen ihm südwärts zum Alpweiler ***Tufteren,*** wo sich direkte Abstiege nach Zermatt finden. Die Gebäude des Alpdörfchens umsäumen ein Gasthaus. Ebenhin und in leichtem Anstieg folgen wir auf der Höhe des obersten Baumbewuchses einem breiten Natursträsschen nach Süden. Es leitet uns in einer weitgezogenen Hangmulde an knorrigen Arven und Lärchen vorbei. Unterwegs umschwärmen uns zahlreiche Arten von Schmetterlingen. Der Weg bringt uns zur ***Sunnegga*** zurück, wo wir mit dem Sunnegga-Express wieder in die Tiefe gelangen können.

Saastal: Routen 24–30

Von Visp aus bringt uns die Fahrstrasse durchs Vispertal nach Stalden; kurz oberhalb des Dorfes trennen sich die Wege. Rechts zieht sich das Mattertal südwestwärts Zermatt und dem Matterhorn zu, links öffnet sich zwischen steilen Hängen das Saastal. Der Bau der Fahrstrasse ins Saastal wurde 1929 in Angriff genommen; 1936 erreichte sie Saas Grund. Erst 1948 war Saas Almagell mit dem Auto erreichbar, Saas Fee folgte 1951. Bis dahin mussten die Transporte ins Tal mit langgezogenen Maultierkolonnen auf einfachen Saumwegen bewältigt werden. Heute führt uns die Fahrstrasse zunächst durch die verstreuten Weiler der Gemeinde Eisten, wohl eines der steilsten bewohnten Gebiete der Schweiz. In dieser Enge wuchs Alexander Burgener auf, ohne den in den achtziger Jahren des 19. Jh. kaum eine bergsteigerische Grosstat in den Westalpen denkbar war. Trotzdem wurde er am 8. Juli 1910 mit einer Bergsteigergruppe im Jungfraumassiv von einer Lawine verschüttet. Der Walliser Schriftsteller Adolf Fux hat das Leben von Alexander Burgener in einem Tatsachenroman festgehalten.

Taleinwärts erreichen wir das Gebiet der ehemaligen Gemeinde Martiswald, die sich im 14. Jh. nach dem Loskauf von den Visper Grafen aus den vier Vierteln Grund, Balen, Almagell und Fee bildete. Die Strasse führt uns nahe am alten Dorf Saas Balen vorbei, das sich schutzsuchend an den Osthang des Tales drängt. Trotzdem musste es immer wieder Verwüstungen durch Lawinen und Überflutungen in Kauf nehmen, wobei die grösste Gefahr aus Ausbrüchen des Grubengletschers entstand, dessen Wasser sich in Dorfnähe als steiler Fellbach in den Talgrund ergiesst. Am Gegenufer steht die einzigartige barocke Rundkirche von Saas Balen, deren Grundriss aus zwei ungleichen Kreisbögen gestaltet ist. 1809 ersann der Baumeister Johann Josef Andenmatten die einzigartige Form der Kirche, um Ersatz für ein älteres, von den Fluten zerstörtes Gotteshaus zu schaffen.

Taleinwärts bringt uns die Fahrstrasse nach Saas Grund, dem behäbigen Hauptort des Tales. Südlich des Dorfplatzes trennen sich die Wege. Der

Talweg führt uns nach Saas Almagell, wo die grossen Wege über den Monte-Moro-Pass nach Macugnaga und über den Antronapass nach Antronapiana ansetzen. Zudem können wir vom Tal ostwärts über den Zwischbergenpass ins Simplongebiet gelangen. Nachdem sich die Saaser und ihre italienischen Nachbarn im 13. Jh. vertraglich zur gegenseitigen Achtung und zum gemeinsamen Unterhalt der Passwege verpflichtet hatten, entstand hier bis zum Ausbau des Simplons durch Kaspar Jodok von Stockalper im 17. Jh. ein reger Verkehr von Söldnern und Handelsreisenden, aber auch von den weithin im Alpenraum ansässigen Walsern, die mit der alten Heimat über Jahrhunderte ständigen Kontakt aufrechterhielten.

Wir verlassen in Saas Grund den Talboden und folgen der westwärts nach Saas Fee steigenden Strasse. Sie endet vor dem Feriendorf auf grossen Parkplätzen und in Parkhäusern; der Ort selbst ist wie Zermatt autofrei. Um so mehr hat es Saas Fee im Herzen der Mischabelgruppe verstanden, seine grossartige, von Viertausendern geprägte Gletscher- und Bergwelt mit Seilbahnen zu erschliessen. Diese tragen die Gäste im Sommer wie im Winter über den Spielboden zur Längflue, zur Hannigalp, nach Plattjen und aufs Felskinn. Hier startet seit dem Dezember 1984 die Metro Alpin, eine unterirdische Standseilbahn mit der Bergstation im Mittelallalin auf 3456 m ü.M. Auf dieser Höhe kennt der alpine Skisport keine jahreszeitlich bedingten Grenzen. Der Name «Fee» lässt sich aus der ligurischen Wurzel «Ves» für «Berg» ableiten, aber auch aus dem lateinischen «foeta», was auf einen Schafberg oder eine Viehalp schliessen lässt; eine dritte Deutung leitet ihn schlichtweg von «Vieh» ab. Bereits 1535 wird in Saas Fee eine Kapelle erwähnt. An ihrer Stelle entstand 1666/67 eine grössere Kapelle zu Ehren des hl. Theodul. 1715 wurde eine Rektoratspfründe gestiftet und 1893, nach der Trennung von Saas Grund, eine selbständige Pfarrei gegründet. Die danach erbaute Kirche wurde 1961 abgebrochen, weil sie die Gläubigen nicht mehr zu fassen vermochte. An ihrer Stelle steht eine moderne Kirche, die mit dem Gemeinde- und Schulhaus zusammen den Rahmen für einen prächtigen Dorfplatz bildet. Ein bronzenes Standbild stellt den Kilchherrn Johann Josef Imseng dar, den Pionier in der Soutane, der sich als Bergsteiger und als Gastwirt um die Entwicklung des Fremdenverkehrs im Saastal verdient gemacht hat. So bietet heute der Fremdenverkehr neben der Alp- und Landwirtschaft der Bevölkerung eine Existenzgrundlage. Zudem betätigen sich die Saaser als Pickelschmiede, als Schnitzer und Weber sowie als Hersteller bekannter Stilmöbel.

Bild: Im Saastal erwarten uns nicht nur Höhenwege und gletscherreiche Gebirgsmassive. Im Talgrund freuen wir uns an gemütlichen Wegen und Pfadspuren durch Wiesen und Wälder. Hier führt uns der Weg «Zur Hohen Stiege» von der gleichnamigen Kapelle hinauf ins Gletscherdorf Saas Fee (Route 26).

24 Der grosse Höhenweg ins Saastal

7h30 Gspon–Chrizbode–Almagelleralp–Saas Almagell

Das Saastal hat sich mit seinen grossartigen Höhenwegen einen guten Namen als Wanderparadies geschaffen. Vom Simplon her lässt sich das Tal über den Gebidumpass–Gspon–Chrizbode–Saas Almagell–Saas Fee–Hannigalp–Grächen (Routen 10, 12, 24, 25, 26) vollständig umrunden. Der Weg auf der rechten Talseite zwischen Gspon und Saas Almagell bietet dabei einzigartige Ausblicke zur Mischabelgruppe.

Im Sommerweiler ***Gspon,*** vor der Bergstation der Luftseilbahn, schweift unser Blick zu den Gipfeln des Mattertals. Über der Hannigalp grüsst das Weisshorn mit seinen Trabanten. Unter der St.-Anna-Kapelle fällt unser Weg rasch zur Häusergruppe des alten Bergweilers und steigt danach durch satte Wiesen gemächlich südwärts. Bald umfängt uns der würzige Duft des Hochwalds. Unser Blick taucht ins Herz der Balfringruppe. Rückwärts schauen wir zu den Wiesen rund um Gspon, die von den Gipfeln der Berner Alpen mit dem Bietschhorn überragt werden. Über dem Bord öffnet sich das Saastal.

STALDENRIED–GSPON. An der rechten Flanke des Saastals, unmittelbar östlich von Stalden, erstreckt sich das Territorium der Gemeinde Staldenried von der Vispa bis zum Ochsenhorn über eine Höhendifferenz von 2200 m. Seit 1950 erschliesst eine Luftseilbahn in zwei Sektionen von Stalden her den steilen Berg bis hinauf zum Weiler Gspon. Im Mittelalter führte der wichtige Handelsweg ins Saastal nicht durch die unsichere Talschlucht, sondern über Visperterminen und Gspon nach Saas Grund. Eine Urkunde von 1311 führt an diesem Weg Gspon, Finilu und Chleebode als selbständige Gemeinden auf; 1466 schlossen sich diese zur Gemeinde «z'Bärg am Ried» zusammen. Heute umfasst die Gemeinde Staldenried 32 Weiler mit den wichtigsten Siedlungen Zer Chircha und Zer Tanna bei der Umsteigestation der beiden Seilbahnsektionen. Im hoch gelegenen Weiler Gspon sind es nicht etwa nur die Rieder – die Einwohner von Staldenried –, die sich hier einen Teil des Jahres aufhalten zur Pflege und Nutzung ihres Gutes; Gspon entwickelte sich darüber hinaus zu einem beliebten Ferienort, von wo verschiedene aussichtsreiche Sommerwanderungen möglich sind. 1691 entstand in Gspon mit der St.-Anna-Kapelle das erste Gotteshaus der Gemeinde Staldenried. Ein reicher Barockaltar und ein Pestkruzifix schmücken den sehenswerten Innenraum.

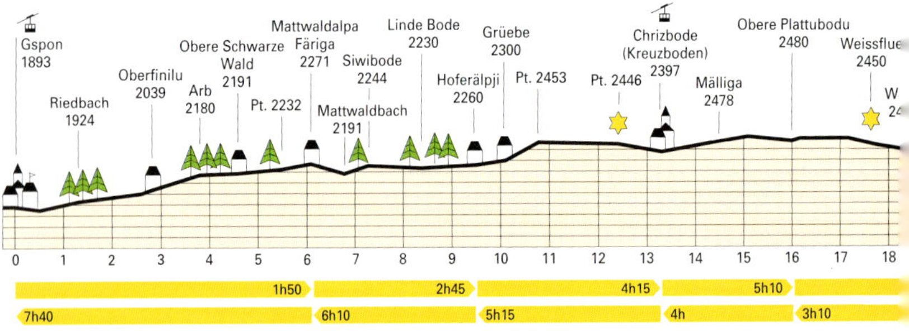

Unser Blick fällt in die Tiefe zu den Weilern und zur Kirche von Eisten. Am Gegenhang kriecht er über steile Felswände hinauf zum Balfrin-Höhenweg (Route 25). Unter uns ist die Häusergruppe Windstadel den Elementargewalten schutzlos ausgesetzt. Am Anfang des breiten Einschnittes des Leidbachs zweigen wir links auf einen schmalen steileren Pfad ab. Er leitet uns an den alten Häusern von Oberfinilu vorbei ins Arb, wo an vom Wetter gezeichneten Arven die Zapfen reifen. Der durchgehend sicher angelegte Pfad folgt zeitweise dem sprudelnden Wasser einer Suon. Bei der Stallung im Obere Schwarze Wald stehen wir wieder über dem offenen Saastal. Wir bewundern die einsamen Weiler Schweibu und Galgeren über den steilen Flühen des Gegenhanges. Südwärts queren wir das Schuttfeld mit dem Ahornbach und die lichten Wälder der Zellegga. Plötzlich öffnen sich vor uns die kargen Weiden der Genossenschaftsalp ***Mattwald***, die dem Auftrieb von Jungvieh und Schafen dient. Als der Sage nach in grauer Vorzeit auf der Alp Finilu ein von Obstbäumen umgebenes Kloster stand, sollen die Mattwaldalp und der Siwibode ständig bewohnt gewesen sein. Auf Mattwald will man noch Überreste eines Backofens und eines Mühlsteins gesehen haben. Heute gibt es dort nur noch steinerne Schafpferche – Färiga – und eine dürftige Hirtenunterkunft.

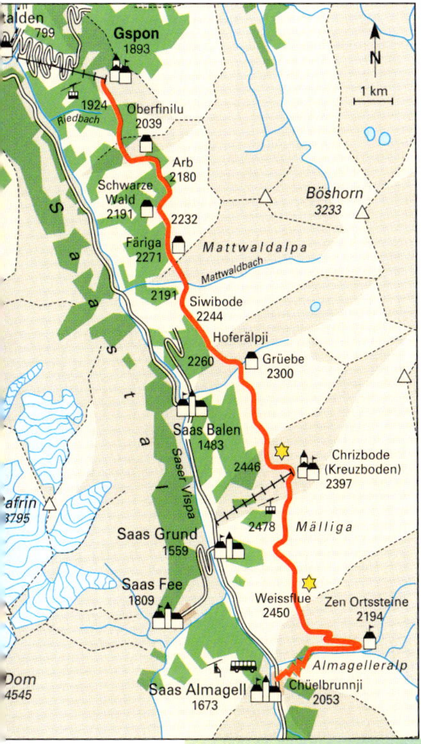

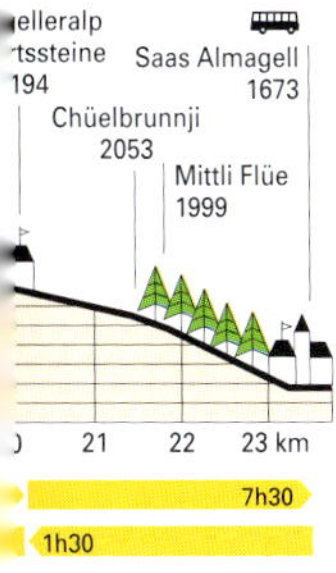

Gasthaus unterwegs
Pension/Restaurant Alpenblick
Gspon, 3933 Staldenried
✆ 027 / 952 22 21
Restaurant Mosji, Gspon
3933 Staldenried
✆ 027 / 952 22 34
Restaurant Kreuzboden
3910 Saas Grund
✆ 027 / 957 29 45
Berggasthaus Almagelleralp
3905 Saas Almagell

Mit Erstaunen sehen wir vor uns den flachen Siwibode. Bevor wir diesen betreten, leitet uns ein kurzer Abstieg über den bei Schneeschmelze mächtigen Mattwaldbach. Danach queren wir das Rotgufer, einen grossen Schutthang mit rostroten Blöcken. Ein rascher Gegenanstieg bringt uns an den oberen Rand des breiten Siwibode. Hier soll einst ein grosses Dorf oder sogar eine Stadt gestanden haben, die in Kriegszeiten einen eigenen Trupp Reiter stellte. Ebenhin leitet uns der Pfad zum Linde Bode. Unterwegs erblicken wir in der Tiefe das Dorf Saas Balen mit der frisch herausgeputzten Rundkirche innerhalb grüner Wiesen. Im Linde Bode zweigt rechts ein Ast des Höhenwegs über Heimischgartu und Bodme nach Saas Grund ab. Wir wandern jedoch geradeaus weiter und folgen dann einem Natursträsschen, das hinauf zum Grüebugletscher führt. Der Ausbruch von Gletscherseen verursachte

über den Fellbach riesige Verwüstungen in Saas Balen. Mit dem Strässchen wurde die Baustelle zum Anbohren und Regulieren der Gletscherseen erschlossen.
Vor dem ***Hoferälpji*** zweigen wir rechts vom Natursträsschen ab. Nach den Alpgebäuden durchziehen wir die tiefe Schuttrunse des Fellbachs. Plötzlich öffnet sich vor uns die Weidmulde von Grüebe mit den Überresten eines Moränensees. Wir steigen südwärts über den Moränengrat in die Höhe. Auf dem 1987 eröffneten Wanderweg durchqueren wir unter dem Jegihorn ein fast endloses Trümmerfeld, in dem der Pfad mit Steinplatten sorgfältig ausgelegt ist. Wir lassen uns Zeit für den Ausblick ins hintere Saastal. Über dem Hannig dreht sich der Weg ostwärts durchs Weng dem ***Chrizbode*** (Kreuzboden) zu. Unter dem Weissmies, dem Laggin- und dem Fletschhorn hat sich hier ein Zentrum für Wanderer und Skifahrer entwickelt. Wanderwege führen in alle Himmelsrichtungen. Wer es eilig hat, kann mit der Gondelbahn nach Saas Grund hinunterfahren oder auf dem Hohsaas eine umfassende Aussicht geniessen.
Ein leichter Anstieg bringt uns durch die blumenreichen Weiden der Mälliga zum Ausläufer des Triftgrätjis. Hier schützen weitausgelegte Lawinengalerien das Dorf Saas Grund vor hochwinterlichen Gefahren. Wir durchschreiten diese Schutzbauten, wobei unser Weg auf etwa 250 m mit Handseilen absgesichert ist. Danach stossen wir beim ***Obere Plattubodu*** auf einen kleinen Werkplatz, der über eine einfache Strasse mit dem Talgrund verbunden ist. Nun führt uns der Pfad auf einer Höhe von 2500 m südwärts durch ein weites Trümmerfeld. Wir geniessen den Blick zurück über den Siwibode und die Moosalp zu den Berner Alpen, die sich zwischen dem Torrenthorn, dem Balmhorn und dem Bietschhorn ausbreiten. Übers Tal hinweg suchen wir am Gegenhang die Spuren des Balfrin-Höhenweges.
Unser Pfad senkt sich leicht zur Weissflue. Südwärts hebt sich der Blick vom Dorf Saas Almagell zum Ausgleichsbecken von Zer Meiggeru, zum Mattmarksee und zum Monte-Moro-Pass (Route 27). Rechts vor dem Mattmarksee fällt der wegen seiner Abbrüche gefürchtete Allalingletscher in die Tiefe. Wir drehen uns langsam dem Westen zu. Im Gebiet des Mittaghorns und des Egginers sitzen die Britanniahütte und das Berghaus Plattjen auf riesigen Felsmassen (Route 29). Direkt vor uns öffnet sich der beeindruckende Bergkessel von Saas Fee. Überragt vom Kranz der Viertausender mit Alphubel, Täschhorn, Dom und Nadelhorn, fächert sich der Feegletscher in viele Arme auf. Darunter ziehen sich die Schmelzwasserbäche wie Silberfäden in die Tiefe (Bild S. 91).

Der Höhenweg beim Hannig vor dem Chrizbode.

Nun senkt sich unser Pfad ostwärts übers Wäng und durch den Teiffe Grabe zum Berggasthaus bei ***Zen Ortssteine*** im Mittelpunkt der ***Almagelleralp.*** Taleinwärts zieht sich der Weg zur Almagellerhütte und zum Zwischbergenpass. Dahinter fällt das langgezogene Zwischbergental nach Gondo an der Simplonstrasse. Rechts des Passübergangs wird das Tal vom Rotblattgletscher unter dem Portjengrat abgeschlossen. Über dem Almagellerbach wandern wir talauswärts; den Bach überschreiten wir beim Chüelbrunnji. Vor uns steigert sich der westliche Gegenhang zur Spitze des Mittaghorns. Unser Weg fällt durch den Spisswald in den Talgrund zum grossen Kreuz von Zum Berg. Nur noch ein paar Schritte, und wir sind wir im grossen Feriendorf ***Saas Almagell.***

25 Der Balfrin-Höhenweg

7h15 Grächen–Hannigalp–Balfrinalp–Saas Fee

Über Grächen mit seinem kleinen See gewinnen wir im Wald die Höhe der Hannigalp. Hier übernimmt uns ein grossartig angelegter Bergpfad, der uns durch die aussichtsreichen Höhen des vorderen und mittleren Saastals nach Saas Fee leitet. Der Weg ist durchgehend sicher angelegt, weist aber in steilen Flühen einige exponierte Passagen auf.

Oberhalb der Dorfkirche von ***Grächen*** ziehen wir, links an der Station der Gondelbahn aufs Seetalhorn vorbei, bergwärts. Über einfache Kreuzweg-Stationen leitet uns der breite Alpweg im Lärchen- und Arvenwald hinauf nach Z'-Seew an den waldumsäumten Grächer See. Über dem Äbnet überschreiten wir bei Pt. 1780 die Eggeri, die oberste der vier Suonen, die auf der Grächer Seite aus dem Riedbach abgeleitet werden. Wir erreichen die ***Hannigalp***, einen kühn nach Norden vorgeschobenen Erker der Mischabelgruppe. Von der Gondelbahnstation mit dem kleinen alten Gotteshaus wechseln wir zur neuen Bergkapelle auf dem flachen Alpboden und geniessen den Ausblick. In der fernen Senke im Südwesten grüsst die Spitze des Matterhorns. Rechts davon

DIE TOUR MONTE ROSA. Der Balfrin-Höhenweg ist in eine 160 km lange mehrtägige Rundwanderung ums Monte-Rosa-Massiv eingebunden. Die Wanderung beginnt auf dem Monte-Moro-Pass und erschliesst zuerst süd- und später westwärts über Macugnaga, Alagna, Gressoney, Fiery und Plan Maison verschiedene italienische Hochalpensiedlungen, in denen teilweise noch das Kulturgut der Walser erhalten ist und gepflegt wird. Nordwärts dreht sich der Rundweg über den Theodulpass wieder der Schweiz zu, wo sich über Zermatt die Täschalpen erreichen lassen. Diese sind über einen neuen, 1997 eröffneten Höhenweg mit der Endmoräne des Riedgletschers und mit Grächen verbunden. Der Balfrin-Höhenweg führt südwärts über die Hannigalp nach Saas Fee. Hier stellt der alte Handelsweg über Saas Almagell und Mattmark die abschliessende Verbindung mit dem Monte-Moro-Pass her. Die durchgehend markierte Rundwanderung ist auf einer eigenen Karte im Massstab 1:50 000 festgehalten, auf der auch alle Höhendifferenzen, Marschzeiten, Unterkunftsmöglichkeiten und Verkehrsverbindungen eingetragen sind. In unserem Wanderführer sind in den Routen 19, 25, 26 und 27 einige Abschnitte der Tour Monte Rosa beschrieben.

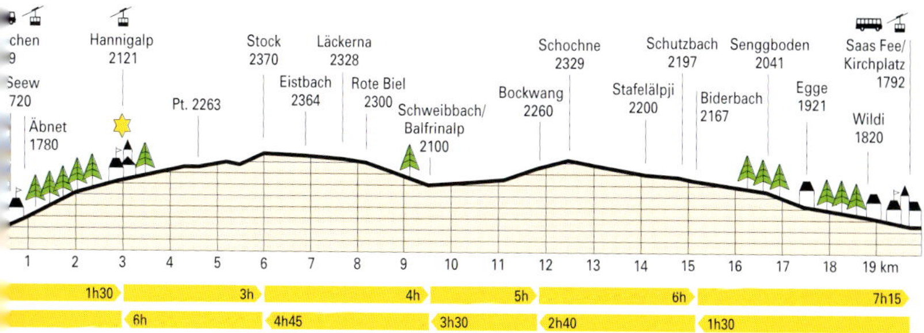

dominiert das Weisshorn (4505 m). Die Gipfelkette setzt sich vom Mattertal zur Augstbordregion über Visp fort. Den Norden nehmen die Berner Alpen ein mit dem markanten Bietschhorn am Übergang ins Lötschental. Ostwärts wandert der Blick zu den Gipfeln des Aletschgebietes. In der Tiefe erkennen wir die zahlreichen Dörfer an den Hängen des Vispertales. An seiner Einmündung ins Rhonetal breitet sich das Industriestädtchen Visp über den breiten Talgrund aus.
Ein Waldweg bringt uns rasch zur Krete bei der Brandgäscha (gäscha ist von casa = Hütte abgeleitet). Bereits über dem Saastal zweigt links ein Pfad nach Eisten im Talgrund ab. In diesen Hängen hütete der bekannte Grächer Thomas Platter (1499–1582), der später in Basel als Humanist Berühmtheit erlangte, die Schafherde seines Onkels. Unter dem Wannehorn steigen wir zum obersten Baumbewuchs auf. In steilen Felsflühen ist unser Bergpfad stellenweise mit Handseilen gesichert. Über den beklemmenden Tiefen des äusseren Saastals blicken wir an den Gegenhang mit dem Fletschhorn und dem Laggin. Auf unserer Höhe erkennen wir den Höhenweg vom Gspon zum Chrizbode (Route 24). An den steilen Berghängen kleben bescheidene Weiler.
Auf dem ***Stock*** unter dem Distelhorn tauchen wir in die Mulde des Eistbachs ein. Über Fluhbänder leitet uns der Pfad zur Läckerna, wo wir nochmals den Blick auf die Berner Alpen geniessen. Über den Windungen des Grossen Aletschgletschers thronen die Riesen des Berner Oberlandes. Auf dem Rote Biel erinnert die Inschrift einer Gedenktafel an die Eröffnung des Höhenweges: «Als Weg in die Stille eröffnet die Weggemeinschaft Balfrin diesen Höhenweg allen wanderfrohen Menschen am 1.IX.1954.» Rechts senkt sich der Weg zur ***Balfrinalp*** am ***Schweibbach*** unter den überhängenden Flächen des Balfringletschers. Hier sömmern die Grächer, Eister und Staldner gemeinsam ihre Schafe. In der kleinen versteckten Hütte über dem Bach erzählen sich die Hirten in der tiefen Bergnacht Geister- und Jagdgeschichten. Ein Fussweg senkt sich über den Weiler Schweiben zur Postauto-Haltestelle Hutеggen im Talgrund.

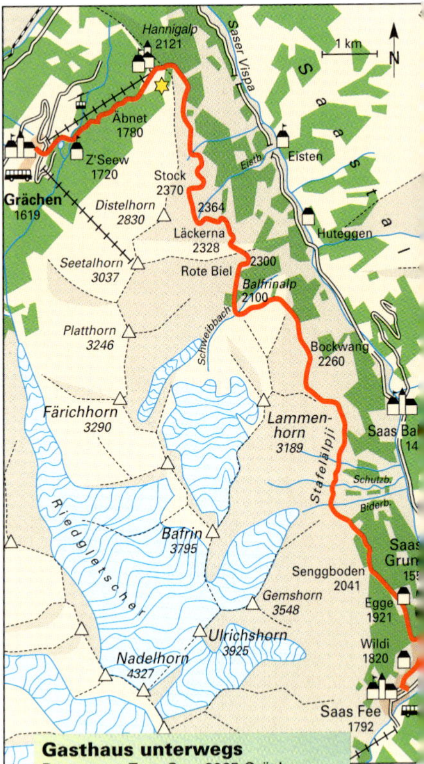

Gasthaus unterwegs
Restaurant Zum See, 3925 Grächen
✆ 027 / 956 10 70
Hotel Zum See, 3925 Grächen
✆ 027 / 956 24 24
Bergrestaurant Hannig, 3925 Grächen
✆ 027 / 956 23 81
Restaurant Hannighüsli, 3925 Grächen
✆ 027 / 956 32 39

Wir überschreiten den Schweibbach und gewinnen am Ausgang des Tälchens die Höhe des ***Bockwang.*** Unser Blick fällt in die Tiefe zum Dorf Saas Balen, der äussersten der vier Saaser Gemeinden. Dort zerstörten 1796 Steinschläge die Kapelle südlich des Weilers Niedergut. Danach entstand 1809–1812 die eigenartige spätbarocke Rundkirche Mariä Himmelfahrt, welche die kostbaren Altäre der zerstörten Kapelle aufnahm. In den Schochne unter dem Lammenhorn folgt der letzte Aufstieg unserer Route durch einen Steilhang. In den Lammen haben die Wegebauer einen regelrechten Wechsel aus dem Fels gesprengt. Kritische Stellen sind auch hier mit Handseilen gesichert. Vor uns öffnet sich das innere Saastal mit seinen Dörfern. Im Süden trennt das Nollenhorn die Wege zum Monte-Moro- und zum Antronapass. Der Weissmies dominiert den Gegenhang. Unser Felswechsel mündet in ein urweltlich anmutendes Trümmerfeld unter dem Schilthorn. Die Saaser sollen einen der letzten Drachen ins Schilthorn verbannt haben. Dieser soll hier wie ein silbergrauer Gefangener im Gestein wühlen und nagen, bis Teile des Berges krachend zu Tale stürzen. Wir durchqueren danach den oberen Rand des blumenreichen Stafelälpji.

Unter dem Ausläufer des Bidergletschers überschreiten wir den Schutzbach und den ***Biderbach.*** Dieser soll die Schlangengrenze bilden, seit ein fahrender Scholar die Schlangen innerhalb des Biderbachs gebannt hat, während er sie talauswärts am Leben liess. Im Biderwald setzt sich rechts ein Pfad ins Mellig und zur Saaser Hannigalp ab. Eine Suon aus dem Biderbach leitet uns zum Senggboden. Hier erzählt man sich die Sage vom nahen Spilboden. Nach einem der zahlreichen Ausbrüche des Mattmarksees hatten die Anwohner in einem Gelübde versprochen, im Saastal während vierzig Jahren nicht mehr zum Tanz aufzuspielen und zu tanzen. Die Jugend konnte dem Drang zum Glück nicht so lang widerstehen, schlich insgeheim zum Spilboden und tanzte drei volle Nächte lang. In der dritten Nacht ging das Lampenfett aus; da versuchte man es mit Schnee, den man nicht von weit her holen musste. Dieser brannte und erleuchtete den Tanzboden. Hier hatte der Böse, der sich der Seelen der Tänzerinnen und Tänzer bemächtigte, die Hand im Spiel. Seither lastet ein Fluch auf dem Spilboden. Ein Abstieg zwischen Lärchen- und Arvenbeständen bringt uns zum Haus in der Egge. Im Jungwald bummeln wir, an der Bärefalle vorbei, zur Wildi und in die von einer einzigartigen Bergwelt umrahmte Mulde von ***Saas Fee.***

An beiden Talflanken führen aussichtsreiche Höhenwege oberhalb der Waldgrenze ins hintere Saastal (Routen 24 und 25). Hier bewundern wir beim Obere Plattubodu (Route 24) den Kessel von Saas Fee unter dem Alphubel (4206 m). Die zahlreichen Abflüsse des Feegletschers sammeln sich über dem Dorf.

26 Im Herzen des Saastals

2h45 Saas Grund–Saas Fee–Saas Almagell–Saas Grund

Wer die Dörfer im inneren Saastal kennenlernen will, findet zwischen den Siedlungen kurzweilige Verbindungswege, die keine grosse Anstrengung erfordern. Dazu gehören der bekannte Kapellenweg von Saas Grund nach Saas Fee, der gemütliche Waldbummel nach Saas Almagell und der unterhaltsame Uferweg längs der Saaser Vispa zurück nach Saas Grund.

Beim Kirchplatz in ***Saas Grund*** folgen wir der Strasse nach Saas Fee und überqueren mit ihr die Saaser Vispa. Direkt nach der Brücke zweigen wir links auf einen Fussweg ab. Wir folgen ihm am Flussufer taleinwärts. Im Süden überragt das Nollenhorn den Taleinschnitt. Rechts des Horns zieht sich ein Talweg über Mattmark zum Monte-Moro-Pass (Route 27), links ein weiterer zum Antronapass (Route 28). Über uns windet sich die Fahrstrasse durch den Wald nach Saas Fee hinauf. Nach einer Brücke über die Saaser Vispa folgen wir noch etwa 200 m taleinwärts dem Fussweg, bis wir hinter einem Felsbossen auf das erste Häuschen des berühmten Kapellenweges nach Saas Fee stossen. Wir zweigen rechts ab und steigen auf Felsplatten im offenen Gelände und im Lärchenwald in

SAAS GRUND, der Hauptort der Talschaft Saas, ist von Brig und Visp her über Stalden mit einer Fahrstrasse und einer Postautolinie erschlossen. Seit dem Loskauf von den Grafen von Biandrate aus Visp im Jahr 1388 bildeten Grund, Balen, Almagell und Fee die vier Viertel der Talgemeinde Martiswald, die sich 1655 auch kirchlich vollständig von Visp trennte. Dabei wurde die seit 1298 bestehende Kapelle zur Kirche erhoben. 1937 wurde die neue Kirche mit den alten Altären ausgestattet. Eine Madonna aus Saas Grund aus dem 13. Jh. befindet sich im Genfer Musée d'art et d'histoire. Die ersten Gletschertraversierungen und Gipfelbesteigungen im Saastal wurden von Saas Grund aus unternommen. So hat das Saaser Gastgewerbe seinen Ursprung in Saas Grund. Als das 1833 erbaute kleine Gasthaus «Zur Sonne» nicht mehr den Ansprüchen genügte, entstanden auf Veranlassung des Kilchherrn Johann Josef Imseng 1850 das Hotel Monte Rosa und 1856 das Hotel Monte Moro. Heute zählt der beliebte Ferienort neben vielen Ferienwohnungen und Chalets gegen zwei Dutzend Gasthäusern. Zwei Sektionen einer Gondelbahn erschliessen im Chrizbode (Kreuzboden) und im Hohsaas zahlreiche Skipisten und ein weites Wandergebiet.

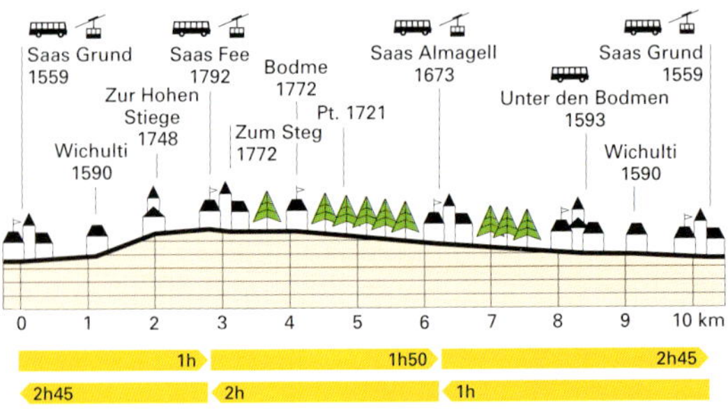

Gasthaus unterwegs
Restaurant Bodmen
Unter den Bodmen
3905 Saas Almagell
✆ 027 / 957 28 69

die Höhe. Unterwegs folgen sich in kurzen Abständen die kleinen, 1709 von der Gemeinde Saas Fee und von Privaten erbauten Gebetshäuschen. Darin geben die originellen Holzfiguren Szenen der 15 Geheimnisse des Rosenkranzes wieder. Im Hintergrund des Tales ist die Kirche von Saas Almagell sichtbar. Im Norden überblicken wir das Dorf Saas Grund. Weit dahinter bildet das Bietschhorn den Talabschluss.

Das Ende des Kapellenweges markiert die 1687 vom Steinmetz und Maurermeister Anton Ruppen erbaute Wallfahrtskapelle Zur Hohen Stiege. Sie lehnt sich anstelle eines frühererern Bildstocks an den Fels. 1747 wurde die Kapelle durch eine Vorhalle in italienischer Bauart vergrössert. Der reiche Barockaltar aus dem 17. Jh. ist der Muttergottes geweiht. Zahlreiche Votivtafeln bezeugen die hier erfahrene Hilfe. Die ummauerte Lärche vor der Kapelle soll von Macugnaga stammen. Über der tiefeingeschnittenen Schlucht der Feevispa steigen wir zuerst auf einer langen steinernen Stiege weiter (Bild S. 84). Rasch öffnet sich vor uns die strahlende Berg- und Gletscherwelt von ***Saas Fee.*** Die Gipfel der Mischabelgruppe mit dem Dom (4545 m) überragen die zahlreichen Arme des Feegletschers.

Von der Bushaltestelle Saas Fee bummeln wir südwestwärts durch das Gletscherdorf zum ehrwürdigen Dorfplatz

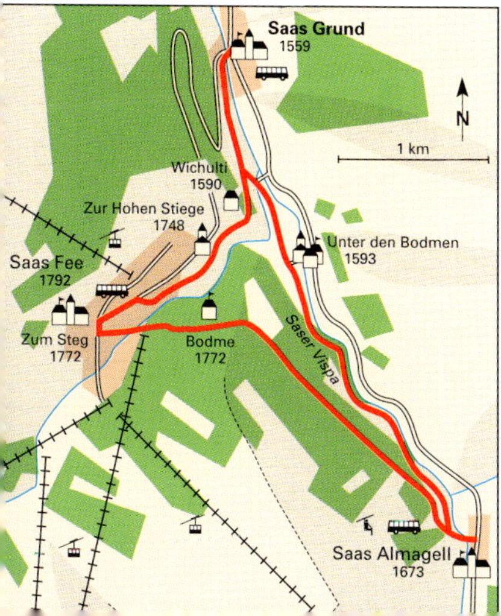

und zweigen beim Hotel Glacier links ab. Beim Dorfteil Zum Steg überschreiten wir die Feevispa auf einer Steinbrücke und wählen den links ansteigenden, gepflasterten Weg. Nach einer Kehre stehen wir auf einem Natursträsschen, dem wir in sanftem An- und Abstieg talauswärts folgen. Unterwegs überblicken wir im Osten urweltlich anmutende Hänge, die heute von prächtigen Höhenwegen (Route 24) durchzogen werden. Über Bodme dreht sich unser Strässchen nach Südosten. Wir geniessen einen herrlichen Waldspaziergang, bis wir an der Brücke über die Saaser Vispa und damit vor dem Dorf ***Saas Almagell*** (Bild S. 97) stehen. Das Hochwasser vom 24. September 1993 richtete hier grosse Schäden an. Danach musste das Flussbett mit schwerem Mauerwerk gesichert werden; eine neue Betonbrücke überspannt die Saaser Vispa. Am Gegenhang stürzt der Almagellerbach über steile Felsplatten zum Dorf.

Nach einem Besuch von Saas Almagell kehren wir über die Brücke auf die linke Seite der Saaser Vispa zurück. Wir folgen rechts in der Nähe der Vispa einem Flursträsschen. Am Gegenhang zieht sich das Moosgufer, ein riesiger Blockhang, bis in den Talgrund. Im Bifig, kurz unterhalb der letzten Häuser von Saas Almagell, überquert eine Brücke den Wasserlauf. Das Flursträsschen erschliesst links in gemächlichem Anstieg die Waldlichtungen im Alpji und in den Biele. Wir halten uns rechts und folgen auf einem Naturweg direkt dem Flussufer. Beim grossen Weiler Unter den Bodmen verbreitert sich die Talsohle. Wir folgen am linken Talhang einem Fahrsträsschen und bewundern die Gebäude in der alten Walliser Art. Am Gegenhang erkennen wir wieder die Gebetshäuschen des Kapellenwegs nach Saas Fee. Am Ausgang des Weilers können wir die Feevispa auf einem Holzsteg überschreiten. Wir folgen dem Bachlauf nordwärts bis zum Bildstöcklein, das wir bereits kennen. Ein abschliessender Bummel längs der Saaser Vispa bringt uns zurück an unseren Ausgangspunkt ***Saas Grund.***

27 Über den Schwarzen Berg

7h50 Saas Almagell–Mattmark–Monte-Moro-Pass–Macugnaga

Im hintersten Saastal, am Weg vom Mattmark zum Monte Moro, wechselt die Welt von satten, blumenreichen Weiden zu kargen Felsen. Überall stossen wir auf landschaftliche Bijous und kulturelle Eigenheiten, die uns staunen lassen. Hinter der Passhöhe steigen wir ins italienische, während Jahrhunderten von alemannischen Walsern geprägte Valle Anzasca ab.

In ***Saas Almagell*** könnten wir direkt am Rand der Fahrstrasse taleinwärts ziehen. Angenehmer ist es, auf der neuen Brücke die Saaser Vispa zu überqueren und bei der Saaser Wollstube am westlichen Talhang dem neuen Flurweg nach Süden zu folgen. Dabei beachten wir die schweren Ufermauern, die seit dem beängstigenden Hochwasser vom 24. September 1993 besseren Schutz bieten. Weit vor uns erkennen wir den Mattmark-Staudamm. Links öffnet sich das Furggtälli, das zum Antronapass aufsteigt (Route 28).

MATTMARK. Die Chronik des Saastales berichtet, der Allalingletscher sei früher so weit ins Tal vorgestossen, dass er im Mattmark einen natürlichen See aufstaute. Später schob der im Rückgang begriffene Gletscher seine Eis- und Moränenmassen wie einen Querriegel über die ganze Talbreite. Während der Schneeschmelze oder bei starken Niederschlägen konnte dieser Querriegel brechen, und als Folge entstanden veheerende Hochwasser bis hinunter nach Visp. 1833 wurde ein Abzugskanal in die Moräne gegraben und 1934 ein Stollen in den östlichen Fels getrieben, um den Abfluss auf ein schadloses Mass auszugleichen. Das abgesenkte Seebecken füllte sich allmählich mit feinem Schlamm und Treibsand. 1856 erbaute der Kilchherr von Saas, Johann Josef Imseng, am alten See von Mattmark ein Gasthaus, das er bis 1869 selbst betrieb. Der Walliser Schriftsteller Adolf Fux (1901–1974) hat die tragische Geschichte um den Kilchherrn von Saas, der 1869 im Mattmarksee ertrank, in einem Tatsachenroman festgehalten. Das Gasthaus versank in den sechziger Jahren mit dem Blauen Stein, einem erratischen Block aus Serpentin von 6500 m³ Inhalt, in den Fluten des Mattmark-Stausees, der 100 Mio. m³ Wasser fasst. Der Staudamm, dessen 780 m lange Krone 2203 m ü.M. liegt, erhebt sich 115 m über die Talsohle. Die ca. 10 Mio. m³ Material für die Dammschüttung wurden zum grössten Teil den Seitenmoränen des Allalin- und des Schwarzberggletschers entnommen.

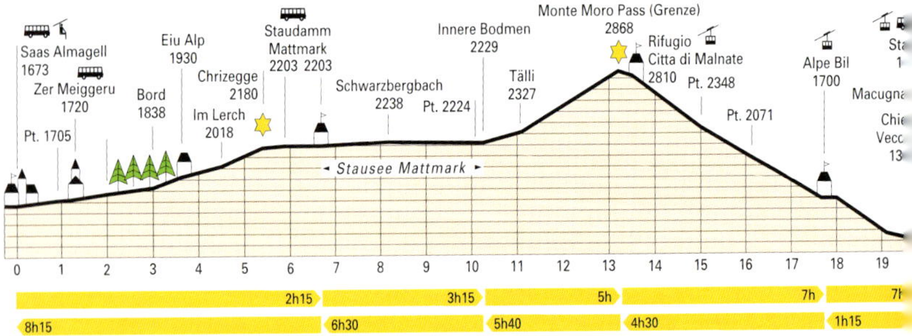

Vor Zer Meiggeru mündet unser Flurweg in die Fahrstrasse. Rechts überblicken wir die Anlagen der Kraftwerke Mattmark mit der Pumpstation, der Schaltanlage und dem Damm des Ausgleichsbeckens. Im Wäldchen links der Strasse steht ein kleines, 1963 erbautes Gotteshaus, das die beim Kraftwerkbau abgebrochene St.-Anna-Kapelle ersetzte. Sie war jeweils am 26. Juli das Ziel eines Bittgangs der Saaser, um die Heuschreckenschwärme von den Kulturen abzulenken. Eine Gedenktafel im Kirchlein erinnert an die Todesopfer des Kraftwerkbaus, speziell an die zahlreichen Menschenleben, die im August 1965 der Abbruch des Allalingletschers forderte.

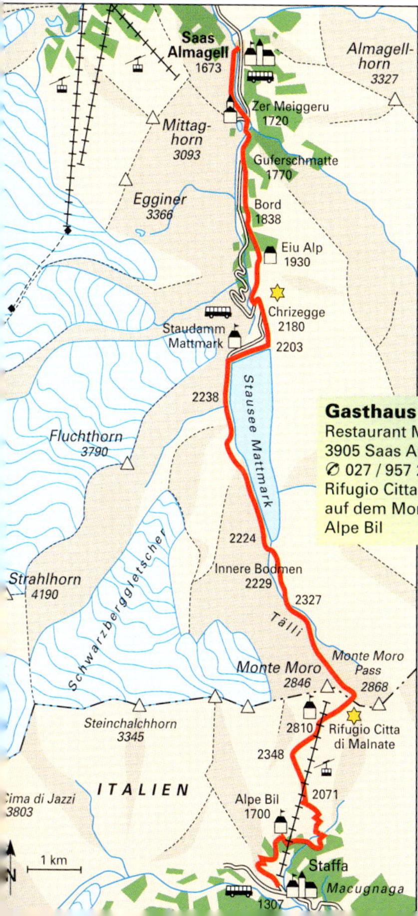

Taleinwärts überqueren wir auf der Fahrstrasse die Saaser Vispa und durchschreiten am Strassenrand die breite Guferschmatte. Am südlichen Ausgang finden wir links den Einstieg in den alten Fussweg. Nach kurzen Windungen leitet er uns oberhalb der Strasse durch den Blockhang des riesigen ABC-Gufers. Zwischen den Blöcken kann wieder ein lockerer Wald wachsen. Über Bord und durch den Eiu Wald zieht sich der Weg zu den gestaffelten Alphütten der Eiu Alp, eines gemeinsamen Eigentums der vier Saaser Gemeinden. Bereits im Jahr 1300 erwarb die «Gemeinschaft» von Saas diese Alp mit allen zugehörigen Rechten, einschliesslich der Jagd auf Murmeltiere, für 40 Pfund vom Grafen von Biandrate aus Visp. Unter uns zieht sich die Strasse durch den breiten Boden der Eiu in Schlaufen dem Staudamm zu. An den Hängen Im Laub und Im Lerch begleitet uns eine bescheidene Suon. Im Südwesten schiebt sich der Allalingletscher über den Felshang in die Tiefe. Rechts davon erkennen wir die Zunge des Hohlaubgletschers. Darüber erhebt sich der Kleine Allalin, an dessen Fuss die grosse Britanniahütte des SAC steht (Route 29). Im Lerch folgen wir der Schlaufe der ansteigenden Fahrstrasse und zweigen darüber links auf den Fussweg ab. Auf der Chrizegge überblicken wir die luftseitige Böschung des Staudamms.

Gasthaus unterwegs
Restaurant Mattmark
3905 Saas Almagell
✆ 027 / 957 29 06
Rifugio Citta di Malnate
auf dem Monte-Moro-Pass
Alpe Bil

Wegen der Geröllschüttung lässt sich das künstliche Bauwerk nur an seinen strengen geometrischen Formen erkennen. Am östlichen Talhang stossen wir auf die Krone des ***Staudamms Mattmark.***
Wir wechseln auf der Dammkrone an den Westhang und geniessen den Überblick über das innerste Saastal. Gletscherzungen schieben sich aus dem Herzen des Monte-Rosa-Massivs zum Talgrund vor. Das neue Berggasthaus mit der Endstation der Postautolinie liegt am westlichen Talhang knapp unterhalb der Dammkrone. Über dem Staudamm erin-

nert ein mächtiges Bronze-Wandrelief des Bildhauers Hans Loretan an die vielen beim Bau beschäftigten Arbeiter und deren Familien. Ein breiter Naturweg führt uns über dem Stausee ebenhin taleinwärts. Links öffnet sich das Ofental. Überall ergiessen sich grosse Gletscherbäche in das Staubecken. Auf einem gutausgebauten Wanderweg könnten wir den See im höchsten kargen Baumbewuchs umrunden.
Wir wandern jedoch weiter zum ***Innere Bodmen,*** wo wir über der Stauwurzel des Sees stehen, d.h. über der Einmündung des Baches, der den See speist. Auf einer bescheidenen Brücke überqueren wir diesen obersten Ast der Saaser Vispa. Wir durchziehen Alpweiden und wechseln vor dem Stafelbach zurück an die Westflanke. Der Weg wird steiler und steiniger. Weit im Norden schiebt sich der Querriegel der Berner Alpen ins Blickfeld. Einzigartig nimmt sich dabei die Pyramide des Bietschhorns im V-Ausschnitt des Tals aus. Im Tälli öffnet sich der letzte Kessel vor der Passhöhe. Uns erwartet eine eindrückliche Hochgebirgslandschaft. Der Pfad zieht sich rechts durch den Geröllhang in die Höhe. Auf sicheren Tritten über den steilen Felswänden erkennen wir die Spuren des mittelalterlichen Handelsweges. Die alte Steinpflasterung ist auf grosse Strecken in gutem Zustand. Der letzte Aufstieg über dem Tälligletscher bietet nach Nordwesten einen Blick auf die Mischabelgruppe in ihrer ganzen Grösse. Auf felsigem Untergrund erreichen wir die Höhe des ***Monte-Moro-Passes*** an der Einsattelung zwischen dem Monte Moro und dem Joderhorn. Eine riesige Muttergottesfigur überragt die Landesgrenze zwischen der Schweiz und Italien.
In gemächlichem Abstieg durch die Felsenwelt erreichen wir rasch den kleinen Pass-See und das Rifugio Citta di Malnate mit der Station der Kabinenbahn nach Macugnaga. Ostwärts, über dem Berghaus des italienischen Alpenclubs hindurch, beginnt der zeitweise steile Abstieg. Dabei ist auf weite Strecken der ursprüngliche gepflasterte Handelsweg gut erhalten. Wir geniessen die grossartige Aussicht zu den Gipfeln der Monte-Rosa-Gruppe mit der Dufourspitze (4644 m). Nahezu vertikale Wände senken sich über 2600 Höhenmeter zu den beiden Gletschern Ghiacciaio del Monte Rosa und del Belvedere. Vor uns öffnet sich der Grund des Valle Anzasca mit den Fraktionen von Macugnaga. Den Süden schliesst die Bergkette mit dem Pizzo Bianco und dem Pallone di Badile ab. Dazwischen zieht sich das Valle Quarazza zum Colle del Turlo (Türlipass). Noch über der Waldgrenze zweigt links ein Pfad zur Alp Sonobierg ab. Darunter leitet uns ein Weg im lockeren Wald zur ***Alpe Bil*** (deutsch: Biel oder Bühl). Hier befindet sich die Zwischenstation der Kabinenbahn auf den Monte Moro mit einem Gasthaus. Die untere Kabinenbahnsektion entstand 1958 zur Erschliessung von Spazierwegen oberhalb Macugnaga. Unter der Alpe Bil übernimmt uns, zeitweise im dichten Wald, ein gut gepflasterter Weg. Wir staunen, wie sicher dieser in den fünfziger Jahren durch lokale Forstdienste erstellte Weg zwischen steilen Felsflühen hindurchgeführt wird. Unterhalb des Dorfes Pecetto (Zer Tannu) erreichen wir den Talgrund von ***Macugnaga.*** Überall finden wir die walserdeutsche Aufschrift «Z'Makana«. Talauswärts leiten uns bescheidene Dorfstrassen durch Wiesen an der sehenswerten Chiesa Vecchia (Zer Alten Chilche) vorbei nach ***Staffa,*** der wichtigsten Siedlung von Macugnaga.

Auf dem Friedhof der Chiesa Vecchia (Zer Alten Chilche) von Macugnaga erinnern viele deutsch klingende Namen an die nahe Walliser Nachbarschaft.

28 Der Weg in die Einsamkeit

9h30 Saas Almagell–Antronapass–Antronapiana

Der Weg über den Antronapass führt uns in eine einzigartig wilde, kaum bewohnte Landschaft. Der Weg ist südlich des Passes auf grosse Strecken steil und steinig; zwischen Furggstalden und Antronapiana gibt es kein einziges Gasthaus. Die Busverbindungen von Antronapiana nach Domodossola sind spärlich. Die Wanderung setzt daher eine gute Vorbereitung voraus.

In ***Saas Almagell*** halten wir ostwärts dem Bergkreuz über Zum Berg zu. Hier beginnt der erste Aufstieg. Über grosse Schlaufen im Schutzwald finden wir die Abzweigung auf der Höhenlinie 1780 m. Links steigt die Route 24 zur Almagelleralp auf. Wir schwenken nach rechts zum Weiler ***Furggstalden*** mit der Bergstation der Sesselbahn und grossen Berggasthäusern.

Durch Weiden und lockere Wälder wandern wir unter dem Almagellerhorn nach Süden. Bei den Alpställen von ***Furggu*** öffnet sich das langgezogene Furggtälli. Hier sömmern die Grunder – die Einwohner von Saas Grund – einen Teil ihres Viehs, während die Almageller am Gegenhang Alpen besitzen. Ein steiler Fussweg schlängelt sich von Zer Meiggeru zu uns herauf. Ohne den Furggbach zu überqueren, ziehen wir durch die kargen, mit farbenfrohen Bergblumen leuchtenden Bergweiden der Furggalp taleinwärts. Der Bach sucht sich seinen Weg durch die schotterbedeckte Talsohle. Weit vor uns sehen wir bereits den steilen Talabschluss mit dem Passübergang. Nach der Liggi stossen wir im Schönenboden auf eine grosse Ausbruchdeponie. Das Material entstammt dem Sammelstollen, der die Bergbäche dem Mattmarksee im Nachbartal zu-

SAAS ALMAGELL. Während Jahrhunderten war Saas Almagell, das hinterste dauernd bewohnte Dorf im Saastal, Station an den wichtigen Handelswegen, die vom Rhonetal über den Monte-Moro- und den Antronapass in die norditalienischen Täler führten. Viele Walliser blieben im Süden und gründeten dort die Walsersiedlungen, so in Macugnaga am Fuss des Monte Moro. Bis in unsere Zeit blieben Beziehungen zur Urheimat erhalten, obwohl vielerorts die alte Walliser Sprache verlorenging. Heute sind die Pässe schwerer begehbar; an deren Stelle führen Fahrstrassen von Visp bis nach Saas Almagell und darüber hinaus bis zum Stausee Mattmark. So ist das in einer windgeschützten Mulde von Lärchenwäldern umschlossene Bergdorf, das viel von seinem ursprünglichen Charakter bewahren konnte, zu einem beliebten Ferienort geworden. Bereits 1291 wird Almagell als Armenzello bezeichnet. 1488 errichteten sich die Almageller ein erstes Gotteshaus zu Ehren der hl. Barbara, blieben jedoch bis 1893 in Saas Grund pfarrgenössig. Die 1939 erbaute Pfarrkirche enthält die alten geschnitzten Altäre.

Am westlichen Gegenhang streben die Felshänge zum Mittaghorn und zum Egginer empor. In der Höhe erblicken wir den Weg zum Kleinen Allalin mit der Britanniahütte (Route 29) vor den Steilabbrüchen des Allalingletschers. Rechts vor uns liegt das Gletscherdorf Saas Fee, überragt von den Riesen der Mischabelgruppe. Den fernen Norden begrenzen die Gipfel der Berner Alpen.

führt. Auf die Fassung des Furggbachs stossen wir in der Felsenge über dem Bitzbrunnen. Darüber durchziehen wir zwischen Steintrümmern den breiten, von Schafherden bestossenen Talboden von Bitzinen. Zuhinterst im Furggtälli führt uns ein steiler, aber gut markierter Weg über Kehren, durch Steintrümmer und Moränen an den Überresten des Furggengletschers vorbei in die Höhe. Ein letzter Anstieg über Felsplatten und Schneefeldreste bringt uns zum ***Antronapass*** (Passo di Saas) an der Grenze zu Italien.

Furggstalden über Saas Almagell vor dem verschneiten Almagellertal.

Der heute auf weite Strecken verfallene Weg über den Antronapass war einst ein wichtiger Übergang zwischen dem Wallis und der Lombardei. Bereits im Jahr 1415 regelten die Leute aus dem Saastal und aus dem Valle d'Antrona in einer Vereinbarung die Wiederherstellung und den Unterhalt des Passweges. Erst im 17.Jh., nach dem Ausbau der Simplonstrasse durch Kaspar Jodok von Stockalper, ging der Verkehr über die Saaser Pässe stark zurück. Weit im Norden liegt das Saastal mit dem Dorf Saas Fee. Im Süden bietet sich ein überraschender Blick über das tiefeingeschnittene Valle d'Antrona. Ostwärts steigt der Peterrück zum Latelhorn (Punta di Saas) empor. Westwärts können trittsichere Berggänger über den Grat zur Jazzilücke aufsteigen. Dahinter senkt sich der Weg durchs Ofental zum Mattmark-Stausee, der sich in 3h45 Marschzeit erreichen lässt.
Uns stehen drei Möglichkeiten offen: der Rückweg durchs Furggtälli nach Saas Almagell, die exponierte Querung über die Jazzilücke oder der beschwerliche, aber durchgehend mit gelben Punkten gekennzeichnete Weg durchs Valle d'Antrona. Wir entscheiden uns für die letzte Variante und folgen auf der Südseite des Passes zuerst rechts nahezu ebenhin dem Weg über einem steil abfallenden Felsband. Danach senkt sich der Pfad in engen Schlaufen durch den Schutthang. Tief unter uns liegt der aufgestaute tintenblaue Lago di Cingino. Bei einem kleinen, in einer Mulde eingebetteten See (Pt. 2579) sind wir wieder in den ersten Alpweiden. Der Weg, der zeitweise noch Spuren des mittelalterlichen Handelsweges mit Trockenmauern und Steinpflasterungen aufweist, ist wieder besser zu erkennen. Auf der Alpe Corone, immer noch hoch über dem Lago di Cingino, ist die ehemalige Alphütte verschwunden. Über dem tiefblauen Stausee wandern wir zur ***Alpe Croppi del***

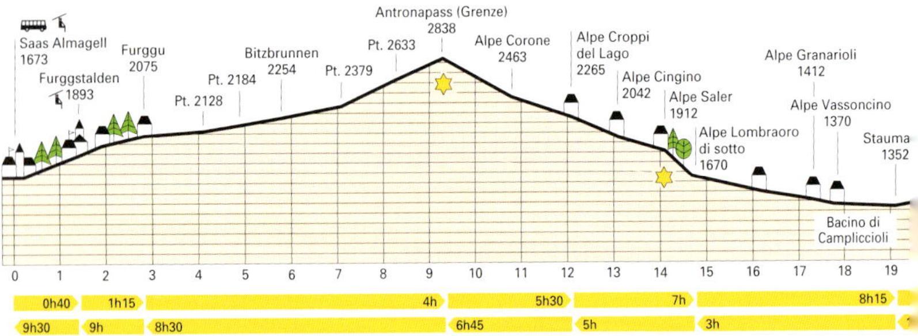

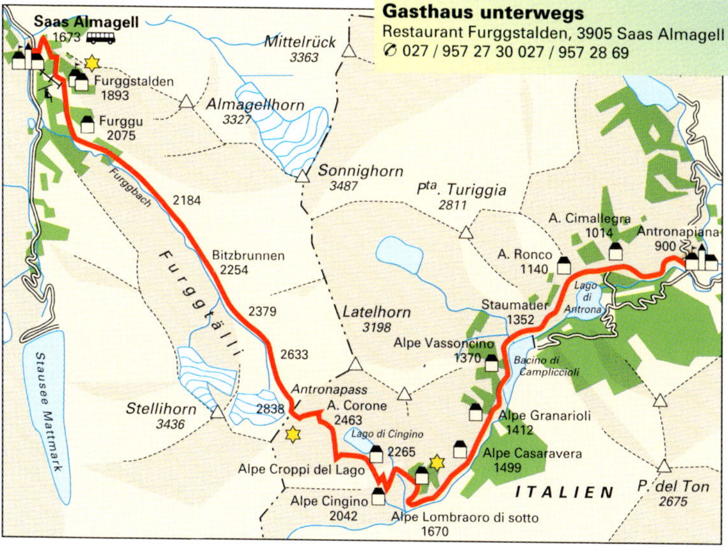

Gasthaus unterwegs
Restaurant Furggstalden, 3905 Saas Almagell
✆ 027 / 957 27 30 027 / 957 28 69

Lago. Im Trümmerfeld unter dem Jazzihorn ist der Weg auf grosse Strecken gepflastert. Leider ist dieser Zeuge mittelalterlicher Bautechnik dem Zerfall preisgegeben. Die Alp besteht vorwiegend aus Gebäuderuinen des Kraftwerkbaus. Vor uns liegt das offene Valle d'Antrona mit seinen unendlichen Höhen und Tiefen. Wir umwandern die Felswand unter der Alpe Croppi del Lago; darunter fällt der markierte Pfad zu den Steinhütten der Alpe Cingino. Links an den Alphütten vorbei taucht der Pfad ins Tälchen ein, das vom Lago di Cingino abfällt.

Am Gegenhang geniessen wir bei der Alpe Saler den Ausblick ins hinterste Valle d'Antrona. Vom Ofentalhorn, der Punta Giapin und der Punta Laugera senken sich Gletscher in den wilden Talkessel. Darunter stürzen die Bäche in zahlreichen Wasserfällen zur Alpe Lombraoro. Unter der Alpe Saler senkt sich der Alpweg in kurzen Windungen zum Torrente Troncone unterhalb der ***Alpe Lombraoro di sotto.*** Am Weg stehen kleine Steinhütten. Wir ziehen am linken Hang talauswärts. Die granitene Bachsohle ist stellenweise vom Geschiebe glattgefegt. An der Alpe Casaravera und der Alpe Granarioli vorbei finden wir den Weg zur Alpe Vassoncino über dem Bacino di Campliccioli. Vor uns bildet die Punta della Forcola über Antronapiana den markanten Talabschluss. Der Stausee beeindruckt uns durch seine tiefblaue Farbe. Dem See entlang, an der Kraftwerkzentrale vorbei und durch einen kurzen Strassentunnel finden wir den Weg zur ***Staumauer***, die mit einer Fahrstrasse erschlossen ist. Wir folgen geradeaus am linken Talhang einem breiten Flurweg. Rückwärts blickend betrachten wir das grosse Bruchsteinmauerwerk, die luftseitige Verkleidung der Staumauer. In der Tiefe unter uns tauchen der Lago di Antrona und das grosse Bergdorf Antronapiana auf. Wir werden wieder von einem steil abfallenden Pfad übernommen, der uns hoch über dem Lago di Antrona zur Alpe Ronco bringt. Hier wechseln wir auf ein Fahrsträsschen, das uns an den massiven Steinbauten der Alpe Cimallegra vorbei ins Bergdorf ***Antronapiana*** leitet.

9h30

29 Der Weg auf den Feegletscher

4h45 Saas Fee–Britanniahütte SAC–Felskinn

Der Weg am Berghaus Plattjen vorbei zur belebten Britanniahütte öffnet uns einen einzigartigen Ausblick vom Monte Moro über die Viertausender der Mischabelgruppe zu den Berner Alpen. Zum Abschluss geniessen wir eine problemlose Traversierung des Chessjengletschers zum Felskinn, der Seilbahnstation inmitten eines Eismeers.

Vom Dorfplatz in ***Saas Fee*** aus biegen wir links der Kirche in die Hauptstrasse ein. Sie bringt uns über die Saaser Vispa zum Dorfteil Chalbermatten. Am Gegenhang wandern wir an den Gondelbahnstationen nach Plattjen und zur Längflue vorbei. Beim Verlassen des Waldes zweigt links ein bescheidener Fussweg nach Plattjen ab. Er zieht sich im Zickzack am Rand eines Arven- und Lärchenwaldes zur Alp Galu hinauf. Unterwegs überschreiten wir einen breiten Forstweg. Bei den Alpstallungen trennt sich rechts ein Pfad ab, der direkt zum Egginerjoch aufsteigt. Wir folgen jedoch südostwärts dem Waldrand. Oberhalb der Waldgrenze unterqueren wir die Gondelbahn und gelangen zum Berghaus Plattjen,

DIE BRITANNIAHÜTTE SAC. Der Schweizerische Alpenclub SAC betreibt in alpinen Höhenlagen 152 Hütten mit durchschnittlich jeweils ca. 60 und total über 9000 Schlafplätzen. Darin nächtigen jedes Jahr etwa 300 000 Bergsteigerinnen und Bergsteiger. Zusätzlich werden die Hütten von mindestens einer Million Tagesgästen besucht. Die Hütten dienen nicht nur als Ausgangspunkt für Touren; ebenso sind sie sichere Rettungs- und Alarmstationen. Mit etwa 8000 Übernachtungen gehört die Britanniahütte zu den meistbesuchten Hütten der Schweizer Alpen. 1912 errichtete die Sektion Genf des SAC, die 1865 General Dufour zu ihren Gründungsmitgliedern zählte und welcher 1947 der belgische König Leopold III. beitrat, eine Holzhütte mit 34 Schlafplätzen; die damaligen Baukosten von 20 000 Franken übernahmen die britischen Mitglieder des SAC. Nach Erweiterungen in den Jahren 1929 und 1951 erfolgte 1996 mit einem Kostenaufwand von 2,5 Mio. Franken ein letzter Ausbau auf 134 Schlafplätze. Die Britanniahütte ist Ausgangspunkt der berühmten Haute Route. Zudem werden von hier aus der Egginer und der Alphubel, das Allalinhorn, das Rimpfischhorn, das Strahlhorn und das Fluchthorn bestiegen und die Traversierung über den Adlerpass nach Zermatt und über den Allalinpass nach Täsch in Angriff genommen.

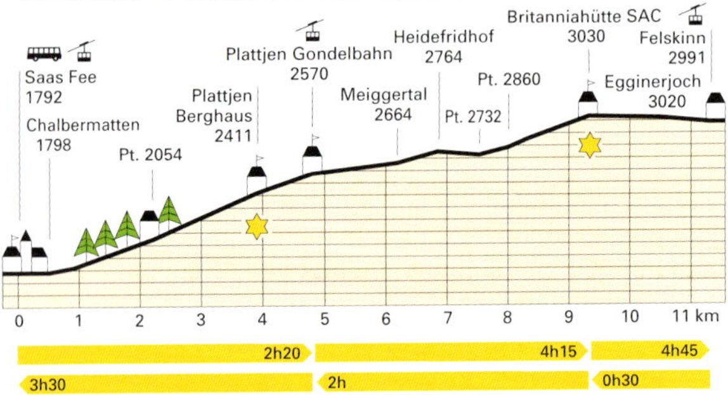

Gasthaus unterwegs
Restaurant Berghaus Plattje
3906 Saas Fee
✆027 / 957 21 09
Bergrestaurant Plattjen
3906 Saas Fee
✆ 027 / 957 43 43
Britanniahütte SAC
3906 Saas Fee,
✆ 027 / 957 22 88

dem ältesten Berghaus über Saas Fee. Davor geniessen wir den grossen Ausblick über den Rundkessel von Saas Fee. Am Horizont folgen sich – von links nach rechts – die Viertausendergipfel der Mischabelgruppe mit dem Alphubel, dem Täschhorn, dem Dom, der Lenzspitze und dem Nadelhorn. Darunter fächern sich die riesigen Arme des Feegletschers auf, dazwischen steigt die steile Felszunge zum Spielboden und zur Längflue hinauf (Route 30). Weit im Norden erkennen wir die Gipfel der Berner Alpen. Im Osten wird das Almagellertal vom Portjengrat abgeschlossen, links davon führt der Zwischbergenpass nach Gondo hinüber. Darüber ragt das Weissmies auf.

In der Nähe der Gondelbahn steigen wir zur ***Bergstation Plattjen*** mit einem Berggasthaus auf. Danach durchzieht unser Weg, der durchgehend sicher angelegt ist, am Fuss des Mittaghorns ein weites Trümmerfeld. Vor uns trennen das Nollenhorn und das Stellihorn die beiden südlichen Ausläufer des Saastals. Südostwärts zieht sich das Furggtälli zum Antronapass (Route 28). Hoch am Hang erreichen wir die Mulde des Meiggertals. Tief unter uns glänzt das Ausgleichbecken Zer Meiggeru. Dahinter liegt die Mattmarkebene mit dem grossen, durch einen Erddamm aufgestauten See. Der felsige Talabschluss hebt sich südwärts zum Monte-Moro-Pass an der Grenze zu Italien (Route 27).

Am Ausgang des Meiggertals ziehen wir durch die geschützte Senke des Heidefridhofs. Danach tauchen wir unter den steilen Felswänden des Egginer in ein Tälchen ein, wobei sich unser Weg kurz absenkt. Im Süden erkennen wir am Grat die Britanniahütte. Ein Pfad von Saas Almagell her stösst auf unseren Weg. Durch ein riesiges Moränenfeld steigen wir zu den kleinen Seen am Fuss des Chessjengletschers. Ein Steilanstieg über das Eis- und Schneefeld des Gletschers bringt uns hinauf zur ***Britanniahütte SAC.***

Für Wanderer bietet ein kurzer Abstecher auf den nahen Kleinen Allalin einen eindrücklichen Ausblick. Direkt unter uns liegt der Mattmarksee. Im Süden, überragt vom Allalinhorn, breiten sich rechts unter uns der Hohlaub- und der Allalingletscher aus. Unter dem Rimpfischhorn und dem Strahlhorn zieht sich der Schwarzberggletscher in die Tiefe. Von der Britanniahütte aus wandern wir auf einer breiten Schneepiste nordwestwärts über den Chessjengletscher zum Egginerjoch. Wir stehen wieder vor dem hochragenden Gipfelkranz der Mischabelgruppe über den Armen des Feegletschers. Wir folgen westwärts der breiten Schneepiste über den Ausläufer des Chessjengletschers. Rasch erreichen wir die weithin sichtbare Seilbahnstation auf dem ***Felskinn,*** die auf einer Felsinsel in einem Eismeer steht. Hier startet die Metro Alpin, eine unterirdische Standseilbahn, hinauf zum Mittelallalin und erschliesst dort, auf fast 3500 m Höhe, ein Sommerskigebiet. Wir vertrauen uns der grossen Kabinenseilbahn an, die uns rasch nach ***Saas Fee*** zurückbringt.

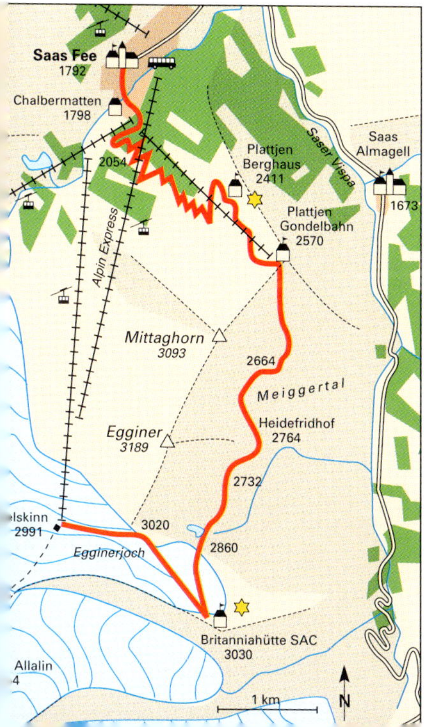

30 Von Gletschern umringt

3h20 Saas Fee–Spielboden–Längflue

Die Längflue, ein riesiger abgewinkelter Felskeil, schiebt sich zwischen den Armen des Feegletschers höhenwärts zu den Gipfeln der Mischabelgruppe. Ausser einer Seilbahnkette erschliesst ein angenehmer Wanderweg diese Welt, in der sich neben Bergen, Blumen, und freilebendem Wild auch die Eigenheiten der Gletscher in Musse beobachten lassen.

Vom Dorfplatz in ***Saas Fee*** aus ziehen wir, links an der Kirche vorbei, auf der Hauptstrasse über die Saaser Vispa zum Ortsteil Chalbermatten. Am Berghang halten wir uns rechts dem Feegletscher zu.

DER FEEGLETSCHER. Wir lassen uns von Adolf Fux, dem ersten Autor dieses Wanderbuches, auf eindrückliche Art den Feegletscher beschreiben: «Die Längflue überragt den untern Teil des Feegletschers wie eine Kanzel. Man sieht in den gewaltigen Eisstrom hinein, der von zahlreichen Längs- und Querspalten zerrissen ist. Blau und grün schillert es aus den eisigen Tiefen. Bei Sonnenlicht liegt ein unbeschreibliches Farbenspiel über dem Gletscher. Neben den Schründen ragen Eispyramiden empor, deren Formen oft geradezu grotesk anmuten und an vereiste Urweltriesen gemahnen. Ein Gletscher besteht nicht aus Eis allein. Bedeutende Gesteinsmassen, die sich durch Witterungseinflüsse von den beidseits anstehenden Felsen lösen, kollern auf den Gletscher nieder. Wo das Eis unter dem Schutz grösserer Steinblöcke weniger rasch wegschmilzt als in seiner Umgebung, entstehen Gletschertische, die wie Pilze dastehen. Nur scheinbar liegt der Gletscher still und tot da. In Wirklichkeit bewegt er sich ständig. Unter dem Druck des besonders in den oberen Firnfeldern reichlich anfallenden Schnees schiebt sich der Eisstrom allmählich talwärts. Dabei arbeitet er auch. Er säubert sich, schiebt Steine und Fremdkörper nach den Seitenmoränen, wirft sie aus, rundet die ihm widerstehenden Felszacken, scheuert und schleift die Unebenheiten des Untergrundes, zermahlt in seinen tiefen Mühlen die Felsbrocken zu Kieseln und Sand und lässt es von den Schmelzwassern wegtragen. Der Gletscher wird von vielen Wasseradern durchzogen, die teils an der Oberfläche sichtbar sind, sich aber auch durch das Eis durchfressen und unter demselben wegfliessen. Unter dem Einfluss der erhöhten Wärme schmilzt der Gletscher am untern Hang rascher ab, so dass schliesslich ein schäumender Wildbach hervorquillt, der den Tiefen zufliesst.»

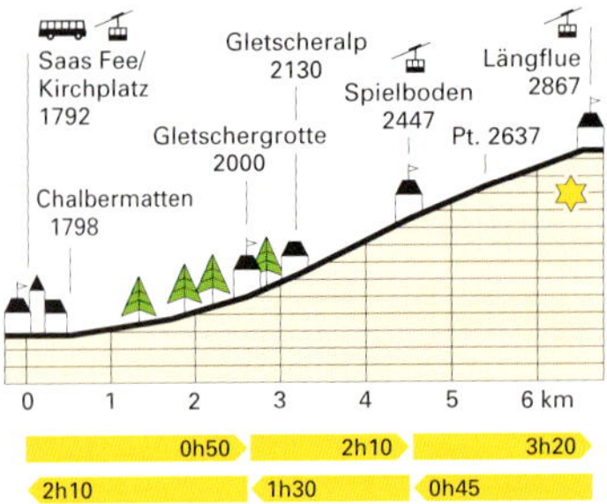

Der Weg leitet uns an den Seilbahnstationen nach Plattjen und zur Längflue vorbei.

Die Ziele unserer Wanderung, die Bergstationen auf dem Spielboden und auf der Längflue, sind bereits von hier zu sehen. Auffallend ist die nach links abgewinkelte Form der Längflue, eines riesigen Felskeils zwischen den Armen des Feegletschers.

Gasthaus unterwegs
Restaurant Gletschergrotte
3906 Saas Fee
✆ 027 / 957 21 60
Restaurant Spielboden
3906 Saas Fee
✆ 027 / 957 22 12
Restaurant Längfluh
3906 Saas Fee
✆ 027 / 957 21 32

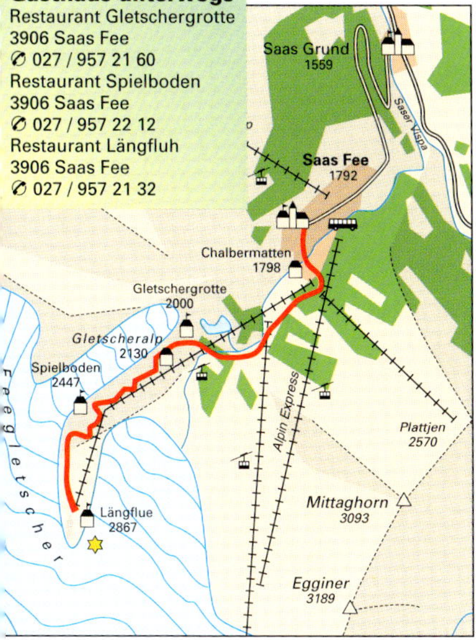

Unser Weg zieht sich oberhalb der Seilbahnstation zum Felskinn durch den lockeren Hochwald. Am Wegrand fallen uns grosse, mit Marterwerkzeugen versehene Kruzifixe auf. In einer locker bewaldeten Moränenmulde überqueren wir die Arme der Saaser Vispa. Direkt unter der Gondelbahn beginnt der steilere Aufstieg, der uns am Berggasthaus bei der ***Gletschergrotte*** vorbeiführt. Auf der Höhe der Gletscheralp säumt der oberste Baumbewuchs den Weg. Zerrissene Ausläufer des Feegletschers begrenzen den Hintergrund einer Wiesenmulde. Im weiteren Aufstieg zum ***Spielboden*** erfreuen wir uns an der vielfältigen Blumenpracht. Bei der Zwischenstation der Seilbahn und beim Berggasthaus geniessen wir den Überblick über den weiten Talkessel mit dem Gletscherdorf Saas Fee. Hochwälder umrahmen den breiten, dicht bebauten Talboden. Darüber erkennen wir die Bergstationen der Seilbahnen aufs Hannig, zum Felskinn und nach Plattjen. Diese Bahnen öffnen grossartige Wege in die scheinbar unendliche Bergwelt. Tief unter uns bildet ein kleiner See den Mittelpunkt eines Moränenbeckens. Rechts an der Seilbahnstation vorbei hebt sich der Weg einer steilen Felswand zu. In einer kargen Moränenlandschaft beobachten wir freilebendes Wild. Auf einer gesicherten Betongalerie queren wir die steile Fluh. Oft bedecken bis in den Hochsommer hinein breite, gut begehbare Schneefelder den steinigen letzten Wegabschnitt hinauf zur ***Längflue.*** Schliesslich erreichen wir über einen kurzen Moränengrat die Bergstation der Seilbahn mit dem Berggasthaus. Wir bewundern auf unserer einzigartigen Aussichtkanzel nicht nur die Gletscher, sondern auch den weissen Bergkranz. Im Süden türmt sich der Schneegipfel des Allalinhorns auf, rechts folgen die stolzen Viertausender der Mischabelgruppe. Im Südosten öffnet sich der Durchgang des Egginerjochs, dahinter versteckt sich die Britanniahütte (Route 29). Links steigert sich der Grat zum Egginer und zum Mittagshorn. Das Almagellertal strebt dem Osten zu; im Hintergrund wird es vom Portjengrat überragt. Wenn man sich satt gesehen hat, denkt man an die Heimkehr. Dazu stehen der Aufstiegsweg sowie die beiden Sektionen der Seilbahn nach Saas Fee zur Verfügung. Wir könnten uns auch einem Bergführer anvertrauen, der uns auf einer Wanderung über den Feegletscher zum Felskinn ein einmaliges Erlebnis bietet.

Im offenen Tierpark auf dem Spielboden sind die Tiere zutraulich. Das Murmeltier tut sich am dargebotenen Futter gütlich.

Beim Aufstieg zur Britanniahütte (Route 29) öffnet sich das hinterste Saastal. Der Mattmarksee, der sich auf einer Wanderung vollständig umrunden lässt (Route 27), bildet den Blickfang. Davor senkt sich der Allalingletscher in die Tiefe. Am Gegenhang öffnet sich das Ofental. In seinem Hintergrund können trittsichere Wanderer über die Jazzilücke zum Antronapass wechseln (Route 28).

Bergwandern – aber sicher!

Wandern ist eine ausgewogene, erlebnisreiche Erholungsart. Nichts ist dem Wandererlebnis abträglicher als falscher Ehrgeiz und Überschätzung der eigenen Kräfte. Sorgfältige Planung, richtige Ausrüstung und vernünftiges Verhalten tragen zum Gelingen einer Wanderung bei. Besonders das Bergwandern erfordert ein hohes Mass an Eigenverantwortung; dazu gehören:

Richtige Planung

Route der Jahreszeit anpassen (Schneeverhältnisse, Tageslicht).

Länge und Schwierigkeitsgrad der Bergwanderung auf Kondition und Können der schwächsten Gruppenmitglieder (Kinder) abstimmen.

Genügend Ausweich- oder Umkehrmöglichkeiten (z. B. bei Wetterumsturz, Schwäche) einplanen.

Erkundigungen über Wegverhältnisse (Schneefelder, Vereisungen) z. B. beim Verkehrsverein oder Hüttenwart einholen.

Aktuellen Wetterbericht beachten.

Bergwanderung frühmorgens beginnen und genügend Zeitreserven (Pausen, Unvorhergesehenes) einplanen.

Richtige Ausrüstung

In den Bergen kann das Wetter plötzlich und unerwartet umschlagen (Regen, Gewitter, Hagel, Schnee bis in tiefere Lagen auch im Sommer und Herbst). Darum ist eine zweckmässige Ausrüstung lebenswichtig:

Hohe Bergschuhe mit Profilgummisohle.

Kleidung auf unerwarteten Wetterumschlag ausrichten. Heute hat sich allgemein das Mehrschichtenprinzip durchgesetzt: Anstelle einer sehr warmen Jacke werden mehrere leichtere Kleidungsstücke übereinander angezogen.

Kälteschutz: Pullover, Mütze, Handschuhe, lange Hosen.

Sonnenschutz: Sonnenhut, -brille, -crème.

Wind- und Regenschutz.

Rucksack mit breiten und richtig angepassten Tragriemen und Hüftgurt.

Präzise Wander- und Landeskarten sowie Wanderbücher, evtl. Höhenmesser und Kompass.

Proviant und Getränke: Besonders für Kinder muss genügend Flüssigkeit mitgenommen werden. Keine alkoholischen Getränke während der Bergwanderung!

Für den Notfall: elastische Binde und Schnellverband (Pflaster), evtl. Rettungsfolie, Trillerpfeife, Taschenlampe.

Wanderstöcke können beim Abwärtsgehen eine wertvolle Hilfe sein, da sie eine entlastende Wirkung auf die Gelenke ausüben.

Richtiges Verhalten

Bergwanderungen nie allein unternehmen.

Die offiziell markierten Bergwanderwege (weiss-rot-weisse Farbstriche) nicht verlassen.

Kleine Schritte und gleichmässiges Tempo sparen bergauf Kraft und schonen bergab die Gelenke.

Den Oberkörper beim Abwärtsgehen nie nach hinten lehnen (Rutschgefahr).

Auch ohne Durst ist Trinken wichtig, denn das Durstgefühl hinkt dem tatsächlichen Flüssigkeitsbedarf hintennach.

Gletscher nur unter fachkundiger Führung begehen.

Schneefelder können gefährlich sein. Eine Rutschfahrt ist manchmal kaum mehr zu stoppen und kann in unübersichtlichem Gelände tödlich sein. Wenn der harte oder gefrorene Schnee keinen genügenden Halt bietet, ist es besser, umzukehren.

Kein Risiko bei Schlechtwettereinbruch, Unwohlsein (Schwäche) oder anderen Schwierigkeiten eingehen. Rechtzeitig umkehren und nichts erzwingen.

Die 6 Regeln zum Bergwandern

Planen Sie jede Bergwanderung sorgfältig!

Gehen Sie nie allein auf eine Bergwanderung!

Beobachten Sie ständig die Wetterentwicklung!

Achten Sie auf eine geeignete und vollständige Ausrüstung!

Informieren Sie Drittpersonen über Ihre Tour. Melden Sie sich bei der Ankunft am Ziel zurück!

Beachten Sie den Grundsatz «Im Zweifel umkehren!»

Abdruck mit freundlicher Genehmigung der Schweizerischen Beratungsstelle für Unfallverhütung bfu, Bern, aus «Bergwandern – aber sicher!»

Touristische Informationen

Auskünfte

1951 Sitten/Sion	Walliser Wanderwege	027 322 20 17
1951 Sitten/Sion	Walliser Tourismus	027 322 31 61
3900 Brig	Offizielles Verkehrsbüro	027 923 19 01
3935 Bürchen	Verkehrsbüro, Zenhäusern	027 934 17 16
3943 Eischoll	Verkehrsbüro	027 934 24 43
3947 Ergisch	Verkehrsverein	027 932 28 42
3925 Grächen	Tourismusverein	027 956 27 27
3928 Randa	Verkehrsbüro	027 967 16 77
3942 Raron	Verkehrsverein	027 934 31 00
3924 St. Niklaus	Verkehrsverein	027 956 36 63
3905 Saas Almagell	Verkehrsbüro	027 957 26 53
3906 Saas Fee	Tourist Office	027 958 18 58
3910 Saas Grund	Verkehrsverein	027 957 24 03
3922 Stalden	Verkehrsverein	027 952 15 12
3929 Täsch	Verkehrsbüro	027 967 16 89
3923 Törbel	Verkehrsverein	027 952 22 27
3944 Unterbäch	Verkehrsverein	027 934 56 56
3930 Visp	Verkehrsbüro Oberwallis, Rund um Visp	027 946 61 61
3932 Visperterminen	Verkehrsverein	027 946 80 60
3920 Zermatt	Verkehrsbüro	027 967 01 81

Verkehrsmittel

Der natürliche Ausgangspunkt zu den Vispertälern ist der Hauptort Visp an der Simplonlinie der Schweizerischen Bundesbahnen SBB und an der Hauptstrasse durchs Wallis. Im nahe gelegenen Brig findet die Simplonlinie Anschluss an die Lötschbergbahn BLS mit der Verbindung nach Bern. Die 1891 eröffnete, ursprünglich 34,75 km lange Zermatt-Bahn BVZ, eine Schmalspurstrecke, wurde 1927 von Visp her mit dem Bahnhof Brig und hier mit der Furka-Oberalp-Bahn FO verbunden. So entstand gemeinsam mit der Rhätischen Bahn das längste Schmalspurnetz Europas, auf dem zwischen Zermatt, Chur und St. Moritz im Oberengadin der «Glacier-Express» verkehrt. Eine Neuheit in den Alpen sind die unterirdisch angelegten Standseilbahnen. 1980 wurde die Standseilbahn Zermatt–Sunnegga eröffnet, 1984 folgte die Metro Alpin zum Mittelallalin in der Region Saas Fee.
Sämtliche Ausgangspunkte, die meisten Ziele und viele Routenetappen dieses Wanderführers sind mit öffentlichen Verkehrsmitteln erschlossen. Jede Route enthält im Profil Hinweise auf die vorhandenen Verkehrsmittel. Im folgenden Verzeichnis sind sämtliche öffentlichen Verkehrsmittel im Einzugsbereich dieses Wanderführers angegeben. Die Nummern beziehen sich auf das offizielle Kursbuch. Dabei ist zu beachten, dass auf einigen Strecken nur spärlich Fahrten durchgeführt werden. Zur Vorbereitung der Wanderung gehört daher eine genaue Konsultierung des Fahrplans.

Eisenbahnen

100 SBB	Domodossola–Brig–Sion/Sitten–Lausanne mit Halten in Visp, Raron, Gampel-Steg und Turtmann
140 BVZ	Brig–Visp–Zermatt mit Halten in Stalden, Kalpetran, St. Niklaus, Herbriggen, Randa und Täsch
141 BVZ	Täsch–Zermatt (alle Züge)
142 GGB	Zermatt–Gornergrat mit Halten in Findelbach, Riffelalp, Riffelberg und Gornergrat

Seilbahnen

2246	Turtmann–Oberems (Kabine)
2259	Raron–Eischoll (Kabine)
2251	Eischoll–Striggen (Sessel)
2253	Raron–Unterbäch (Kabine)
2254	Unterbäch–Brand (Sessel)
2267	Visperterminen–Giw (Sessel)
2270	Stalden–Staldenried–Gspon (2 Sektionen, Kabinen)
2272	Kalpetran–Embd (Kabine)
2273	Embd–Schalb (Kabine)
–	St. Niklaus–Jungu (Kabine)
2275	Grächen–Hannigalp (Gondel)
2276	Grächen–Seetalhorn (Gondel)
2280	Zermatt–Furi–Schwarzsee (2 Sektionen, Gondel/Kabine)
2285	Zermatt–Furi–Trockener Steg–Klein Matterhorn (3 Sekt., Gondel/Kabinen)
2290	Zermatt–Sunnegga (Standseilbahn)
2291	Sunnegga–Blauherd–Unterrothorn (2 Sektionen, Gondel/Kabine)
2296	Gornergrat–Hohtälli-Stockhorn (2 Sektionen, Kabinen)
–	Breuil (Cervinia)–Plan Maison–Testa Grigia (beim Theodulpass; Kabinen)
2300	Saas Fee–Spielboden–Längfluh (2 Sektionen, Gondel/Kabine)
2301	Saas Fee–Plattjen (Gondel)
2303	Saas Fee–Felskinn–Mittelallalin (2 Sektionen, Gondel/Standseilbahn)
2306	Saas Fee–Hannig (Gondel)
2310	Saas Grund–Kreuzboden–Hohsaas (2 Sektionen, Gondel)
2315	Saas Almagell–Furggstalden (Sessel)
–	Macugnaga (Staffa)–Alpe Bil–Citta di Malnate (Monte-Moro-Pass; Kabinen)

Postautos/Busbetrieb

2246.1	Oberems–Gruben (Busbetrieb)
100.93	Turtmann–Ergisch
140.25	Visp–Bürchen–Moosalp
140.30	Visp–Zeneggen–Gstei
140.35	Visp–Visperterminen
140.40	Visp–Staldenried
140.50	Stalden–Törbel–Moosalp
140.54	Grächen–St. Niklaus–Täsch
140.55	Brig–Visp–St. Niklaus–Grächen
140.60	St. Niklaus–Gasenried
145.10	Brig–Visp–Stalden–Saas Grund–Saas Fee
145.15	Saas Grund–Saas Almagell–Mattmark
145.40	Brig–Simplon–Gondo–Iselle–Domodossola
–	Domodossola–Antronapiana
–	Domodossola–Macugnaga

Register

Die Zahlen 1 bis 30 beziehen sich auf die Routennummern

Wanderbücher

Bern
3060 Berner Wanderrouten
3062 Berner Jura
3082 Jura bernois (f)
3063 Oberaargau–Bucheggberg
3064 Seeland
3065 Emmental
3066 Bern–Gantrisch–Schwarzenburgerland
3067 Thunersee
3081 Jungfrau-Region (e)
3070 Frutigland
3071 Simmental–Diemtigtal
3072 Saanenland
3073 Passrouten
3080 Mit dem Bäre Abi zum Wanderweg
3096 Jungfrau-Region Brienzersee–Oberhasli

Graubünden
3601 Surselva
3602 Hinterrhein–Misox
3603 Lenzerheide–Surses–Albula
3604 Arosa–Chur–Bündner Herrschaft
3605 Davos–Prättigau
3606 Engiadina Bassa/Unterengadin
3607 Engiadin'Ota/Oberengadin
3608 Bergell
3609 Puschlav
3610 Engadina/Engadine (i/f)
3611 Engadine (e)

Wallis
3621 Brig–Simplon–Aletsch–Goms
3622 Leukerbad–Lötschental
3623 Visp–Zermatt–Saas Fee–Grächen
3624 Val d'Anniviers– Val d'Hérens–Montana (d)
3625 Val d'Anniviers– Val d'Hérens–Montana (f)
3626 Grand-St-Bernard–Dents du Midi–Les Diablerets (d)
3627 Grand-St-Bernard–Dents du Midi–Les Diablerets (f)

Tessin
3641 Lugano
3642 Locarno
3643 Tre Valli, Leventina–Blenio–Riviera
3644 Ticino/Tessin (i/f)

Westschweiz
3651 Jura (d)
3652 Jura (f)
3653 Freiburgerland (d)
3654 Pays de Fribourg (f)
3655 Jura vaudois (f)
3656 Est du Pays de Vaud (f)
3657 Neuchâtel (f)

Nordwestschweiz
3661 Regio Basel
3662 Solothurn
3663 Aargau

Ostschweiz
3671 St. Gallen–Appenzell–Liechtenstein
3672 Toggenburg–Churfirsten–St. Galler Oberland
3673 Glarnerland
3675 Säntis–Alpstein

Zentralschweiz
3681 Luzern–Pilatus–Rigi
3682 Hochdorf–Sursee–Willisau
3683 Entlebuch
3684 Obwalden–Engelberg
3685 Nidwalden
3686 Uri
3687 Schwyz
3688 Vierwaldstättersee

Durchgehende Routen
3401 Alpenpassroute
3410 Jurahöhenwege (d)
3411 Chemins des crêtes du Jura (f)

Rundwanderungen
3180 Bernerland
3181 Berner Oberland
3182 Graubünden
3183 Wallis
3190 Valais (f)
3184 Tessin
3185 Westschweiz
3191 Pays Romand (f)
3186 Nordwestschweiz
3187 Ostschweiz
3188 Zentralschweiz
3189 Zürcherland

Wanderkarten

Bern
0801 Jura bernois–Seeland
0802 Emmental–Oberaargau
0803 Berner Mittelland
0804 Jungfrau-Region–Oberhasli
0805 Saanenland–Simmental–Frutigland

Graubünden
0811 Surselva
0812 Hinterrheintäler–Misox
0813 Prättigau–Albula
0814 Engiadina Bassa/Unterengadin
0815 Engiadin'Ota/Oberengadin

Wallis
0821 Aletsch–Goms–Brig–Simplon
0822 Visp–Zermatt–Saas Fee–Grächen
0823 Val d'Anniviers–Val d'Hérens–Montana
0824 Grand-St-Bernard–Dents du Midi–Les Diablerets

Tessin
0831 Tessin/Sopraceneri
0832 Tessin/Sottoceneri

Westschweiz
0841 Fribourg–Gruyère–Lausanne–Yverdon
0842 Genf/Genève

Nordwestschweiz
0851 Solothurn

Ostschweiz
0861 Schaffhausen–Winterthur
0862 Zürich
0863 Thurgau–Bodensee
0864 St. Gallen–Toggenburg–Appenzellerland
0865 Glarnerland/Walensee

Zentralschweiz
0871 Luzern, Ob- und Nidwalden
0872 Schwyz–Zug, Vierwaldstättersee
0873 Uri

Jura
0881 Aargau–Basel-Stadt–Basel-Land–Olten
0882 Delémont–Porrentruy–Biel/Bienne–Solothurn
0883 Chasseral–Neuchâtel–Val de Travers–Ste-Croix
0884 Lausanne–La Côte–St-Cergue–Vallée de Joux

Holiday maps
0901 Berner Oberland 1:120 000
0902 Graubünden 1:120 000
0903 Wallis 1:120 000
0904 Tessin 1:120 000

MTB-Führer
3301 BIKE-Erlebnis Schweiz Band 1
3302 BIKE-Erlebnis Schweiz Band 2
3303 BIKE-Erlebnis Schweiz Band 3
3304 VTT aventure en Romandie

Velokarten
0501 Schaffhausen–Winterthur
0502 Zürich
0503 Bodensee–Thurgau
0504 St. Gallen–Appenzell–Liechtenst
0505 Zug–Schwyz–Uri–Glarus
0506 Berner Oberland
0507 Basel–Aargau
0508 Luzern, Ob- und Nidwalden
0509 Oberaargau–Biel, Solothurn
0510 Bern–Thun–Fribourg, Emmental
0511 Franches-Montagnes, Ajoie–Laufental
0512 Neuchâtel–Pontarlier, Trois Lacs
0513 Lausanne–Vallée de Joux
0514 Lausanne–Bulle–Fribourg
0515 Genève
0516 Locarno–Bellinzona–Lugano–Varese
0517 Sargans–Chur–Domleschg
0531 Schweiz/Suisse/Svizzera 1:275 000